章法新視野

仇小屏◎著

目錄 INDEX

肆、章法分析・唐代篇 111

陸、章法分析・・元明清篇 205

柒、章法分析・民國篇 271

附錄

總序

近三四年來，教育當局在高中國文教材上作了最大改變的，算是廢除國立編譯館的唯一標準本，而開放爲各具特色的「一綱多本」。爲了適應這種巨大改變，做人老師的，不僅要調整教法，也要改進評量，尤其是面對學生的升學，更需要兼顧各本教材，取長補短，作一番統整的工夫，以免顧此失彼。

要統整「一綱多本」的教材，靠的不是課文的多寡，而是「能力」。這個「能力」，就其主要者而言，除關涉文章之義旨（主旨的顯隱、安置與材料的使用）外，還涵蓋了語法之剖析（文法）、字句之鍛鍊（修辭）、篇章之修飾（章法）、文章之體性（風格）及作文（傳統式作文與限制性寫作）、課外閱讀等。而其中的任何一種「能力」，都可以用不同的教材予以培養；換句話說，這種「能力」，是能夠拿任何一篇、一段、一節（句羣）的課外文章來進行評量的。這樣，教師就可以將任何一課「課文」當作「手段」來看待，所謂「得魚而忘筌」（《莊子・外物》），而「課文」就是這個「筌」、「能力」就是那個「魚」了。

有鑑於此，早在去（八十九）年暑假，便想爲高中「一綱多本」國文教材編一套以「能力」爲本位的書，提供高中教師作教學之參考。於是邀集了一組專家學者、高中教師共同來參與這個工作，並且商定這套書的總名為「高中一綱多本國文教材點線面系列」，而內含八本，由不同的人來撰寫，依序是：

一、《散文・新詩義旨古今談》：由蒲基維（博士生、高中教師）、涂玉萍（碩士、高中教師）、林聆慈（教學碩士班、高中教師）三人負責。

二、《詩詞義旨透視鏡》：由江錦珏（碩士、高中教師）負責。

三、《文法必勝課》：由楊如雪（台灣師大副教授）、王錦慧（新竹師院助理教授）二人負責。

四、《修辭新思維》：由張春榮（國立台北師院教授）負責。

五、《章法新視野》：由仇小屏（花蓮師院助理教授）負責。

六、《風格縱橫談》：由顏瑞芳（台灣師大教授）、溫光華（博士生、講師），黃肇基（高中教師）三人負責。

七、《新型作文瞭望台》：由陳智弘（高中教師）、范曉雯（高中教師）、黃金玉（高中教師）、郭美美（碩士、高中教師）四人負責。

八、《閱讀檢測站》：由李清筠（台灣師大副教授）負責。

這八本書，都兼顧理論與實際，除了安排「總論」加以介紹外，均分別舉一些「一綱多本」重要課文的實例作充分說明，務求凸顯各種「能力」，使讀者一目了然。如此以「能力」爲本位，從各角度來統整各本教材，相信對高中的國文教師的教學與學生的學習而言，是會有極大助益的。

看到在大家的努力下，這八本書終於將陸續出版，和讀者見面，感激之餘，特地將本套書撰寫的用意與過程，作一概述，聊以表達慶賀的意思。

民國九十年八月　陳滿銘序於台灣師大國文系

序例

一、本書所分析之文章，以一綱多本高中國文課文爲範圍（古典詩詞之結構分析，已見於江錦珏《高中一綱多本國文教材點線面系列——詩詞義旨透視鏡》，因此不在本書分析範圍之內）。

二、凡六見、五見、四見於各版本高中國文教材之課文，均全數予以分析。篇目如下：六見者爲曹丕《典論・論文》、諸葛亮〈前出師表〉、陶淵明〈桃花源記〉、白居易〈與元微之書〉、韓愈〈師說〉、范仲淹〈岳陽樓記〉、蘇軾〈赤壁賦〉、蘇轍〈黃州快哉亭記〉、曹雪芹〈劉老老遊大觀園〉、顧炎武〈廉恥〉。五見者爲荀子〈勸學〉、李斯〈諫逐客書〉、柳宗元〈始得西山宴遊記〉、司馬光〈訓儉示康〉、曾鞏〈墨池記〉、歐陽修〈縱囚論〉、歐陽修〈醉翁亭記〉、蘇洵〈六國論〉、蘇軾〈留侯論〉、白樸〈沉醉東風・漁父詞〉〉、鄭愁予〈錯誤〉。四見者爲《左傳・燭之武退秦師》、《戰國策・馮諼客孟嘗君》、司馬遷〈鴻門之宴〉、杜光庭〈虬髯客傳〉、魏徵〈諫太宗十思疏〉、方苞〈左忠毅公軼事〉、連橫〈臺灣通史序〉（統計數字可能因課文抽換，而略有變動）。

三、若是三見、二見、一見之課文，凡已經過結構分析者，不再予以分析，以免重複（此類課文篇目詳見附錄之「陳滿銘等散見於各書的各版本高中國文課文結構分析表目錄」）。其餘未經過結構分析者，則盡量予以收羅、分析。

四、爲便於教師教學之用，於「總論——章法小窗口」介紹章法教學的重要，以及如何進行章法教學；並於「常見章法簡介」對常見章法之定義、特色與美感，作扼要的解說；各課文之結構分析表及說明文字均兩兩配合，並力求清晰簡明，以期凸顯出藉由章法深入內容，並全盤掌握課文的優點。

五、每課均附原文（陳之藩〈哲學家皇帝〉除外）於結構分析表之前，以便讀者與結構分析表對照參看。

六、承蒙　陳滿銘老師多所指點，本書始能順利完成，謹致上誠摯的謝意。

二〇〇一・八・一二

壹、總論

章法小窗口

一、前言

章法統領起形式與內容，來全面地分析文章的組織方式。所以，可以想見的，如果我們能瞭解章法、運用章法，就等於握有一把鑰匙，可以打開文學寶庫的大門。因此，在國文教學中，若偏廢了章法，是非常可惜的。

本文擬就章法在國文教學中的重要性，以及國文教學中應如何融入章法教學，來作簡明扼要的探討。期望能以此帶出更多的討論，使章法的重要爲人所認識，並進而使章法教學能眞正地在國文教學中，扮演它本應扮演的重要角色。若是果能如此，則國文教學的內容必能更爲豐富，學生所獲的益處也就更多了。

二、章法在國文教學中的重要性

所謂的章法，如陳滿銘在《文章結構分析——以中學國文課文爲例》一書序言中所言：「是綴句成節、段，聯節、段成篇的一種組織方式。」而當章法落實在單篇作品中形成結構時，還可大別爲「內容結構」（即「縱向結構」）與「形式結構」（即「橫向結構」），但彼此之間相輔相成，關係非常緊密（詳細情形可參見陳滿銘〈談縱橫向疊合的篇章結構〉，《章法學新裁》）。因此在從事範文教學時，若能理清一篇文章的結構，就等於同時掌握了內容與形式，也就可以顯示出何謂「內容決定形式、形式表現內容」；而且也就是因爲抉發出內容與形式各自的精義，以及彼此配合時相互的呼應與增強，文學之美才能在這種準確的掌握中透發出來，而不是鑑賞者空泛地自說自話或天馬行空；更進一步，甚至還可達到鑑賞者藉著文本，和創作者進行幾乎無隔閡的心靈交流。果眞如此，則範文教學的目的才能達到，而每一次的課堂教學，才能眞正算得上是一次尙友於古人、神交於今人的心靈饗宴。

若要更具體地來談章法分析在國文教學中的功用與重要性，陳滿銘在〈談課文結構分析的重要——以高中國文課文爲例〉一文中，即提出五點：「深入內容的底蘊」、「理清文意的脈絡」、「辨明段落的價值」、「掌握聯絡的關鍵」、「指導佈局的技巧」（見《國文教學論叢續編》）；底下即以此爲基礎，分別從「內容」、「形式」、「美感」三個面向，來作論述：

㈠就內容而言

陳滿銘在〈談篇章的縱向結構〉一文中說道：「內容結構卻含核心與外圍兩大部分，其中核心成分，即一篇或一章之主要意旨，它如安排在篇、章之內時，都以『情』語或『理』語來呈現；至於外圍成分，則指所用的具體材料，是用『事』語或『景』（物）語來表出的。」（見《章法學新裁》）這告訴我們：核心成分（即主旨）與外圍成分（即材料）雖有主、從之別，但是其間的關係是密不可分的。換個說法，即陳滿銘在另一篇〈談詞章的義蘊與運材之關係〉中所言的：「詞章的義蘊是抽象的，而所運用的材料是具體的。運用具體的材料來表出抽象的義蘊，才能使詞章發揮它最大的說服力與感染力。」（見《國文教學論叢續編》）

總而言之，先從外圍的事材與物材著手，最終目的在於主要情意（理論）的揭露彰顯，這是我們全面瞭解範文內容的不二法門。在這個過程中，若能善用結構分析來輔助，則其效用是非常大的。

我們可以用王安石〈傷仲永〉爲例，來作個說明。其原文如下：

金谿民方仲永，世隸耕。仲永生五年，未嘗識書具，忽啼求之。父異焉，借旁近與之；即書詩四句，並自為其名。其詩以養父母、收族為意，傳一鄉觀之。自是指物作詩，立就，其文理皆有可觀者。邑人奇之，稍稍賓客其父，或以錢幣乞之。父利其然也，日扳仲永環謁於邑人，不使學。

余聞之也久。明道中，從先人還家，於舅家見之，十二三矣。令作詩，不能稱前時之聞。又七年，還自揚州，復到舅家，問焉。曰：「泯然眾人矣！」

王子曰：仲永之通悟，受之天也；其受之人也，賢於材人遠矣；卒之為眾人，則其受於人者不至也。彼其受之天也，如此其賢也，不受之人，且為眾人；今夫不受之天，固眾人，又不受之人，得為眾人而已耶？

結構分析表如下：

- 敘（事）
  - 先（天才）：「金谿民……不使學」
  - 中（略佳）：「余聞之……前時之聞」
  - 後（普通）：「又七年……衆人矣」
- 論（理）：「王子曰……而已耶」

結構表中用括號括起來的部分，就是內容結構。這篇文章在一開始，就以大幅的篇幅來敍述一個天才兒童方仲永，因爲沒有學習，所以由穎慧絕倫，最後淪落到與普通人無異的故事；也就是因爲前面花了許多的筆墨，將此事件的來龍去脈交代得十分清楚，因此最後作者所發出的議論，才能有所根據而使人信服。因此，在〈傷仲永〉一文中，「外圍成分」就是「方仲永的故事」，「核心成分」就是「學習的重要」；倘若略去了「外圍成分」，而欲求「核心成分」之能感悟人，這是不可想像的；同樣的，若只將「外圍成分」描述得淋漓盡致，而沒有「核心成分」的有力道破，也是彷如畫龍而未點睛一般，可惜之至。這些若以結構表來輔助說明，能收事半功倍之效。

㈡就形式而言

形式所包羅者本甚爲廣泛，文法、字句修飾（一般以修辭格爲代表）、篇章修飾……等等皆包含在內，但章法所指的特別是篇章的修飾；而這種修飾的手法落實到個別的文章中，形成了形式結構時，就是我們所常說的「布局」。因此我們若能掌握形式結構，就等於對此篇範文的布局瞭如指掌；也就能循此而逆溯創作者當初巧心安排的用意。而且，我們還應當瞭解到：「布局」是對文章的全盤掌控，其地位是文法、字句修飾等等技巧所不能取代的；因此，在範文教學時若忽略了這一環，那麼損失可就太大了。

譬如蘇紹連〈冷熱飲販賣機〉巧用「久暫」法，就造成了很好的效果。其原詩如下：

站在走廊下，面對著發炎腫痛的街道，我身上的冷與熱，如何裝成一杯一杯，或一罐一罐，讓需要的人投入錢幣，喝一杯我的熱，飲一罐我的冷。這是我每日的思考，我如何讓冷血和熱血在同體循環。

現在，有一個面目黧黑的小孩向我走來，他枯乾的兩眼窪地，嵌著兩枚被燃燒過的瞳仁。他向我走來，沒有錢幣的他伸出瘦弱的雙手向我乞討，我彷彿是無動於衷的，許久，他失望的走了。而我，內部早就忍不住的激動著，彷彿是冰山崩毀，火山爆裂。沒有人知道，我為了一個貧窮的小孩，一座冷熱飲販賣機自動的故障了。

結構分析表如下：

- 久
  - 染：「站在……我的冷」
  - 點：「這是我每日的思考」二句
- 暫
  - 因：「現在……失望的走了」
  - 果：「而我……自動的故障了」

在此詩中，作者首先描述冷熱飲販賣機的每日思考，是如何讓冷血和熱血在同體循環（久）；但是現在面對一個貧窮的小孩，冷熱飲販賣機卻因爲激動，而導致冷熱循環失調，因此故障了（暫）。「每日（久）」和「現在（暫）」的對映，其實就是「機械化的操作」和「人性化的激動」相互映照；而且「久」與「暫」搭配起來，形成「由久而暫」的結構時，因爲最後的焦點是落在「暫」，所以常會造成「放大瞬時」的效果，作者就在其間企圖凝聚讀者的注意力，引起讀者的思考。

㈢就美感而言

內容可以產生美感，形式也可以，而且「內容決定形式、形式表現內容」，兩者之間的關係是密不可分的，因此，同時關顧到內容與形式，才能算是全面地掌握了文章之美。而章法（結構）就是結合形式與內容的，因此由結構分析出發，進而來探討文學的美感，絕對是有理可說的。

從章法中我們可以提煉出四大原則，即「秩序」、「變化」、「聯絡」、「統一」，這其實也就是美的原則。因爲如果一篇文章的內容與形式能安排得合乎秩序、富於變化、形成聯絡，最後達成統一，就會獲致極大的美感。

所以，我們也可以分開來說：首先，「秩序原則」講的就是材料次第的配排合於某種秩序，而「合乎規律的東西就是美的」（見張紅雨《寫作美學》），這種美感的最大特色是穩定、平和。其次，「變化原則」是就安排材料的次第故意變化其順序來說的，陳望道《美學概論》中說道：「人類心理卻都愛好富於變化的刺激」，這種刺激便會產生醒目、新奇、振奮等諸多感受。再次，「聯絡原則」指的是材料前後的接榫，以造成前後連結、首尾呼應，達成的美感當然就是由呼應、連結而產生的綿密不斷的感受。最後，「統一原則」就是在秩序、變化、聯絡的基礎上建立的繁多的統一，這種統一既豐富、又單純；既不雜亂，又不單調，它所達成的是極致的美——「和諧」。

我們可以用李漁〈芙蕖〉來作個說明。其原文如下：

芙蕖與草木諸花，似覺稍異，然有根無樹，一歲一生，其性同也。譜云：「產于水者曰芙蕖，產于陸者曰旱蓮。」則謂非草本不得矣。予夏季倚此為命者，非故效顰于茂叔，而襲成說于前人也，以芙蕖之可人，其事不一而足，請備述之。

羣葩當令時，只在花開之數日，前此後此，皆屬過而不問之秋矣。芙蕖則不然；自荷錢出水之日，便為點綴綠波；及其勁葉既生，則又日高日上，日上日妍，有風既作飄颻之態，無風亦呈裊娜之姿。是我于花之未開，先享無窮逸致矣。迨至菡萏成花，嬌姿欲滴，後先相繼，自夏徂秋；此則在花為分內之事，在人為應得之資者也。

及花之既謝，亦可告無罪于主人矣；乃復蒂下生蓬，蓬中結實，亭亭獨立，猶似未開之花，與翠葉並擎，不至白露為霜，而能事不已。此皆言其可目者也。可鼻則有荷葉之清香，荷花之異馥，避暑而暑為之退，納涼而涼逐之生。至其可人之口者，則蓮實與藕，皆並列盤餐，而互芬齒頰者也。只有霜中敗葉，零落難堪，似成棄物矣；乃摘而藏之，又備經年裹物之用。是芙蕖也者，無一時一刻，不適耳目之觀；無一物一絲，不備家常之用者也。有五穀之實，而不有其名；兼百花之長，而各去其短。種植之利，有大于此者乎？

予四命之中，此命為最。無如酷好一生，竟不得半畝方塘，為安身立命之地。僅鑿斗大一池，植數莖以塞責，又時病其漏，望天乞水以救之。殆所謂不善養生，而草菅其命者哉！

結構分析表如下：

- 敘
  - 凡：「芙蕖……請備述之」
  - 目
    - 知覺
      - 視
        - 賓：「羣葩……之秋矣」
        - 主
          - 目
            - 未開：「芙蕖……逸致矣」
            - 盛開：「迨至……之資者也」
            - 花謝：「及花……能事不已」
          - 凡：「此皆言其可目者也」
      - 嗅：「可鼻……涼逐之生」
      - 味：「至其……齒頰者也」
    - 用途：「只有……裹物之用」
  - 凡：「是芙蕖……此者乎」
- 情：「予四命……其命者哉」

此文旨在抒發對芙蕖的愛賞之情。因此作者先總括一筆（凡）；其後再分述芙蕖種種「可人」之處，先大別爲「知覺」和「用途」兩類，而「知覺」包括了「視覺」、「嗅

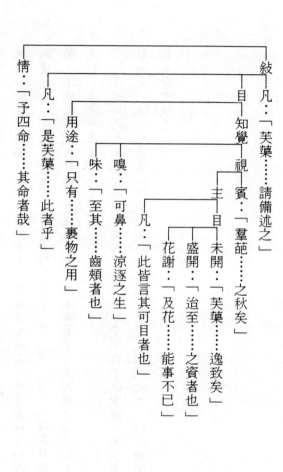

覺」、「味覺」，占了全文大多數的篇幅；「用途」則是針對荷葉而言（以上爲目）；然後，以「適耳目之觀」應「知覺」、「備家常之用」應「用途」，總結敘述的部分（凡）。最後作者據此生情，以感嘆作收。我們可以看到：作者寫眼中所見的芙蕖時，運用了以時間爲序的順敘法；此外，「凡目凡」的結構，與視覺、嗅覺、味覺的搭配，則充滿了變化的美感；至於「先序後情」、「先賓後主」、「先目後凡」的結構，則是彼此呼應、形成聯絡；而且這些都統合起來，匯歸向主旨——對芙蕖的衷心讚美，以達致統一和諧之美。

當然，因爲說明方便起見而作的這樣的劃分，是有點刻板的。事實上，往往是變化中有秩序，而秩序與變化又常常有聯絡之效；不過，相同的是，它們都指向統一，也就是和諧的美感。

三、如何在國文教學中融入章法教學

章法教學融入於國文教學中，常常可以獲得很好的效果；不過，實施時如果能注意到一些小小的技巧，將更能事半而功倍。

㈠簡化課文分析表

要讓學生瞭解此篇作品運用了何種章法，最好的方式是透過結構分析表來解說，但是老師心中對範文的結構有非常清楚詳明的瞭解，卻不見得要照單全盤教給學生；因爲學生畢竟程度有限、耐心不足，所以結構分析表最好不要畫得太詳細，以免學生厭倦，反而是提綱挈領的說明，能收到更好的效果。譬如范仲淹的〈岳陽樓記〉是千古名文，其結構安排極爲緻密，可以做極爲精詳的分析，因此結構層往往可以達到十層以上之多（此結構分析表可參看陳滿銘《文章結構分析——以中學國文課文爲例》），這當然對老師們掌握此文有極大的幫助，但是畫給學生看時，只要最重要的幾層就可以了。〈岳陽樓記〉的原文如下：

慶曆四年春，滕子京謫守巴陵郡。越明年，政通人和，百廢具興，乃重修岳陽樓，增其舊制，刻唐賢今人詩賦於其上。屬予作文以記之。

予觀夫巴陵盛狀，在洞庭一湖。銜遠山，呑長江，浩浩湯湯，橫無際涯；朝暉夕陰，氣象萬千；此則岳陽樓之大觀也，前人之述備矣！然則北通巫峽，南極瀟湘，遷客騷人，多會於此，覽物之情，得無異乎？

若夫霪雨霏霏，連月不開；陰風怒號，濁浪排空；日星隱耀，山岳潛形；商旅不行，檣傾楫摧；薄暮冥冥，虎嘯猿啼；登斯樓也，則有去國懷鄉、憂讒畏譏、滿目蕭然，感極而悲者矣！

至若春和景明，波瀾不驚，上下天光，一碧萬頃；沙鷗翔集，錦鱗游泳，岸芷汀蘭，郁郁青青。而或長煙一空，皓月千里，浮光躍金，靜影沉璧，漁歌互答，此樂何極！登斯樓也，則有心曠神怡，寵辱皆忘，把酒臨風，其喜洋洋者矣！

嗟夫！予嘗求古仁人之心，或異二者之為，何哉？不以物喜，不以己悲，居廟堂之高，則憂其民；處江湖之遠，則憂其君。是進亦憂，退亦憂；然則何時而樂耶？其必曰：「先天下之憂而憂，後天下之樂而樂」乎！噫！微斯人，吾誰與歸？時六年九月十五日。

其簡化的結構分析表如下：

- 敘
  - 作記因由：「慶曆四年春……以記之」
  - 樓外景觀
    - 常景：「予觀夫……述備矣」
    - 變景
      - 凡：「然則……無異乎」
      - 目
        - 雨景悲情：「若夫……悲者矣」
        - 晴景喜晴：「至若……喜洋洋者矣」
- 論：「嗟夫……與歸」
- 補敘：「時六年九月十五日」

這樣的結構表的層數不多，大部分的結構成分（如「作記因由」、「雨景悲情」、「情景喜晴」、「論」）就容納了整整一段的篇幅，所以甚至可以直接標上段落即可；因爲結構表非常清楚扼要，所以學生一定能夠瞭解，而且可以感受到它全盤地統領了內容與形式，當然在接受上也就毫無困難了。

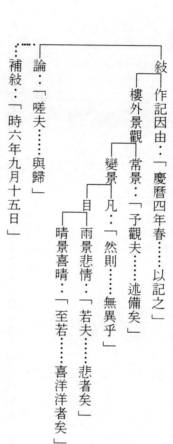

㈡配合分段精講

不過，上述的原則並非全然沒有調整的空間；因爲文章的精微處畢竟要透過精密的掌握，才能透發出來，所以如果都只是簡略的統括而已，也是一個很大的遺憾。兩全其美的方法是：可以在講解某些特別重要的、精美的段落時，針對此段落畫出精緻的結構表，以帶領學生進行對文本的深度鑑賞。就以前面所引的〈岳陽樓記〉爲例，此文中描寫「雨景悲情」、「晴景喜情」的兩段，都非常的精采，值得作精詳的鑑賞。

「雨景悲情」一段的結構分析詳表如下：

- 雨景
  - 凡：「若夫霪雨霏霏」二句
  - 目
    - 自然
      - 動
        - 聽：「陰風怒號」
        - 視：「濁浪排空」
      - 靜
        - 高：「日星隱耀」
        - 低：「山岳潛形」
    - 人事
      - 果：「商旅不行」
      - 因：「檣傾楫摧」
    - 自然
      - 視：「薄暮冥冥」
      - 聽：「虎嘯猿啼」
- 悲情
  - 因：「登斯樓也」
  - 果
    - 因：「則有去國懷鄉」三句
    - 果：「感極而悲者矣」

「晴景喜情」一段的結構分析詳表如下：

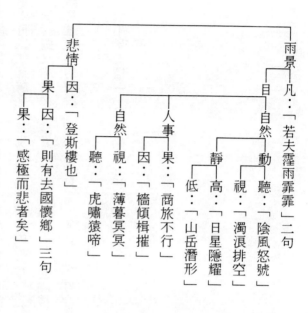

- 晴景
  - 凡：「至若春和景明」
  - 目
    - 日
      - 遠：「波瀾不驚」三句
      - 近
        - 空中：「沙鷗翔集」
        - 水中：「錦鱗游泳」
        - 地上：「岸芷汀蘭」二句
    - 夜
      - 視
        - 高：「而或長煙一空」二句
        - 低
          - 動：「浮光躍金」
          - 靜：「靜影沉璧」
      - 聽：「漁歌互答」二句
- 喜情
  - 因：「登斯樓也」
  - 果
    - 因：「則有心曠神怡」三句
    - 果：「其喜洋洋者矣」

很明顯的，經過這樣精密的分析之後，作者寫景、抒情的高超技巧才眞正爲我們所領略到。當然，能被選錄爲範文的文章，都是千錘百鍊過的佳篇，所以都經得起精詳的賞析，而且也必須精詳的賞析，才不致辜負了這樣美好的文章。所以老師們在講授時，也可以用「分

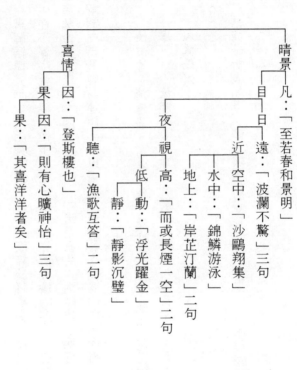

段精講」，再「全盤統整」的技巧，相信這樣既不會使學生不耐，又能帶領學生進行最深度的鑑賞。

㈢隨講隨畫

講解結構表時如果能夠隨講隨畫，那麼等於將章法的觀念循序漸進地灌輸給學生，因此學生在不覺中就已經學習了，完全不會有加重負擔的感受，所以可以說是最理想的方式。譬如講解〈岳陽樓記〉「雨景悲情」、「晴景喜情」兩段時，就可以如此進行；而且這種方式在講解韻文時最容易運用，可以用周邦彥〈蘇幕遮〉爲例作個說明。其原文如下：

燎沉香，消溽暑。鳥雀呼晴，侵曉窺檐語。葉上初陽乾宿雨，水面清圓，一一風荷舉。　故鄉遙，何日去？家住吳門，久作長安旅。五月漁郎相憶否？小楫輕舟，夢入芙蓉浦。

結構分析表如下（參見陳滿銘《文章結構分析──以中學國文課文爲例》）：

- 實（夏日晨景）
  - 內：「燎沉香」二句
  - 外
    - 近：「鳥雀呼晴」二句
    - 遠：「葉上初陽乾宿雨」三句
- 虛（故鄉歸夢）
  - 問答一：「故鄉遙」四句
  - 問答二：「五月漁郎相憶否」三句

在講解這闋詞時，當然先從上片入手，我邊講邊在黑板上畫下空間由內而外、由近而遠的變化；然後進入到下片時，才在上片空間結構的最上頭標上「實」，與下片的「虛」聯結成一個完整的結構表，再繼續對下片的解說。而當整闋詞講完時，結構表也畫好了。因爲有結構表來幫助時時統整，因此在講解範文時所花費的時間甚至更少，但是效果卻是出奇的好。

(四)闡釋章法特色

若是只讓學生瞭解文章的結構，也還是不夠的；最好是能讓學生知道這種結構安排的用意爲何？有什麼好處？可以帶來什麼美感？譬如徐志摩的〈再別康橋〉可說是美不勝收，而這種美感的醞釀過程，是可以從結構分析中略窺一二的。其原詩如下：

輕輕的我走了，
正如我輕輕的來，
我輕輕的招手，
作別西天的雲彩。

那河畔的金柳，
是夕陽中的新娘；
波光裡的艷影，
在我心頭蕩漾。

軟泥上的輕荇，
油油的在水底招搖；
在康河的柔波裡，
我甘心做一條水草；

那榆蔭下的一潭，

不是清泉，是天上的虹，
揉碎在浮藻間，
沉澱著彩虹似的夢。

尋夢？撐一隻長篙，
向青草更青處漫溯；
滿載一船星輝，
在星輝斑斕裡放歌。

但我不能放歌，
悄悄是別離的笙簫；
夏蟲也為我沉默，
沉默是今晚的康橋！

悄悄的我去了，
正如我悄悄的來；

我揮一揮衣袖，
不帶走一片雲彩。

結構分析表如下：

- 今：「輕輕的我走了」四行
- 昔
  - 視（暮）
    - 岸上：「那河畔的金柳」四行
    - 水中：「軟泥上的青荇」八行
  - 聽（夜）
    - 有聲：「尋夢？撐一隻長篙」四行
    - 無聲：「但我不能放歌」四行
- 今：「悄悄的我去了」四行

此詩最上層的結構是「今昔今」。這種結構一方面可以藉著「昔」時間帶出往日情事，在此烘襯下，當下的種種感觸才不會流於空泛；另一方面，「今」的部分通常是美感情緒波動最急促、最密集的部分，「今」出現兩次，也就是此激烈的美感情緒會重現而形成呼應，更有餘韻不絕的感受。此外，作者動用了在五官知覺中屬於「高等感覺」的視覺和聽覺，搭配上景色「由暮至夜」的變化，可說是「有聲有色」，給予讀者極高的感官、心靈享受。經過這樣的醞釀之後，難怪此詩會傳達出如此綢繆的情懷。

附帶一提的是，如果所賞析的篇章篇幅較大，用到的章法有好幾種，那麼只需闡述其中最重要、最具特色的一兩種章法即可，這樣學生才容易接受；而且如此進行了一、兩個學期之後，不知不覺間，學生對重要的章法，也就耳熟能詳了。

(五)應用於作文教學

對章法（結構）能有所瞭解，其優點不僅顯現在範文教學上，還應該擴充至作文教學中。正如陳滿銘〈談課文結構分析的重要——以高中國文課文爲例〉中所言：「因爲課文本來就是讀、寫的範文，應藉以使學生增進閱讀的能力外，又還要學得作文的種種方法。」（見《國文教學論叢續編》）所以，在範文教學的同時，不忘指導學生作文布局的技巧，相信對學生的幫助是非常大的。

譬如在檢討學生作文時，就可以將學生作文布局中，常常犯的毛病提出，請學生注意改正；還可以將優良的習作影印給學生，並畫出結構表來，以更清楚地指出其布局的優點。舉例來說：有一次，我要求學生挑選某句格言來作翻案文章，學生翻案的對象不一而足，有「不經一事、不長一智」、「能者多勞」、「一分耕耘、一分收穫」、「知其不可而爲之」

……等等；在總檢討時，我就畫出此次作文中，學生常用的兩種不錯的結構，供同學參考。其結構表如下：

- 凡：引論（第一段）
- 目
  - 立：正面辯護（第二段）
  - 破：反面駁難（第三段）
- 凡：總論（第四段）

- 目
  - 立：正面辯護（第一段）
  - 破：反面駁難（第二、三段）
- 凡：總論（第四段）

這兩種布局應用起來相當便利，學生的接受度很高。

有時候，甚至可以出一個作文題目，但不要求學生寫作，只是好好地構思應如何布局，然後畫出它的結構表來。這次的題目是「地球村的聯想」，學生構思出來的結構表如下：

- 敍
  - 地球村是什麼（第一段）
  - 理想的地球村（第二段）
- 論
  - 達成地球村的方法（第三段）
  - 終極理想：世界和平（第四段）（汪家侃）

- 凡：人爲什麼目的而活（第一段）
- 目
  - 昔：古時盛世（第二段）
  - 今：鬥爭不斷（第三段）
- 凡：現代人應在地球村中和平相處（第四段）（陳振模）

- 凡：地球猶如一個小小的村落（第一段）
- 目
  - 敍：舉例說明現今地球上的情形（第二段）
  - 論：應如何維持地球上的安全與秩序（第三段）
- 凡：大家應互助合作，共同生存（第四段）（張俊彥）

這樣的布局練習不同於錯別字的訂正、句子的改正……，但是影響作文良窳非常的大，所以實在值得多費一些心思來指導學生。

㈥設計適當的考題

在實際教學過程中，適當的命題考試是必要的。一方面測驗學生學習的狀況，一方面也等於提醒學生：章法的重點在哪裡？要如何學習章法？筆者即以自己獨力負責命題的兩次校內正式考試為例，來說明學生對章法的認識是可以用考題來測驗的。

◆〈成功高中八十七學年度第二學期三年級第一次期中考試題〉

下列選項中，那一篇的主旨是在篇末點出的？ A〈虯髯客傳〉 B〈過秦論〉 C〈岳陽樓記〉 D〈師說〉 E〈縱囚論〉

答案：ABCE

※關於鄭愁予的〈錯誤〉，下列哪一個選項是正確的？ A時間的安排是「今昔今」 B「東風不來，三月的柳絮不飛／你底心如小小的寂寞的城／恰如青石的街道向晚」，主要在抒寫女子之孤寂 C「跫音不響，三月的春帷不揭／你底心是小小的窗扉緊掩」，主要在抒寫女子之堅貞 D空間的處理是由大而小，再由小而大 E「那

等在季節裡的容顏如蓮花的開落」，「蓮花」這個意象使此詩融入了深刻的佛理

答案：ABCD

前一題考的是內容結構中「核心成分」的所在位置；後一題中A選項考時間的安排，屬形式結構，B和C選項兩者之間，其內容會形成因果關係，至於D選項則是空間的變化。

◆〈成功高中八十九學年度第一學期二年級第一次期中考試〉

※〈左忠毅公軼事〉和〈琵琶行〉都運用了賓主法，前者的「主」為左光斗，「賓」為史可法；後者的「主」為白居易，「賓」為琵琶女。請問下列選項中所錄的新詩，何者也運用了賓主法？

A席慕蓉／試驗之一

他們說　在水中放進
一塊小小的明礬
就能沉澱出　所有的
渣滓

那麼　如果
如果在我們的心中放進
一首詩
是不是　也可以
沉澱出所有的　昨日
B落蒂／淒涼
打開自己珍藏的日記
發現只有無題詩三首
一首我拿起來
一口一口吃下
一首拿給妻
為冬日的生活點火

另一首
我想，只有寄給你
C劉克襄／圖畫
小時後我的魚就長滿了牙
紅紅綠綠，兇猛活潑
我長大，魚也長大
越來越溫順
牙存兩三顆
身上也剩黑白的顏色
D夏宇／甜蜜的復仇
把你的影子加點鹽
醃起來
風乾
老的時候
下酒

答案：A

※下列選項中，關於各篇課文主旨之敘述，何者是正確的？　A〈縱囚論〉之主旨出現於篇末　B〈正眼看西方〉乃是期許國人以客觀冷靜、不卑不亢的態度面對西方，擷其所長，去其所短　C〈左忠毅公軼事〉之主旨是「忠毅」二字，出現於篇外的題目中　D〈琵琶行〉以「淪落」二字貫串起「淪落事」、「淪落聲」、「淪落情」　E〈墨池記〉一文由墨池寫起，而目的在於勉學，是一種「窄題寬作，借事立論」的手法

答案：ABCDE

前一題的解答是：

A
- 賓：「他們說在水中放進」四行
- 主：「那麼如果」五行

B
- 凡：「打開自己珍藏的日記」二行
- 目
  - 一：「一首我拿起來」二行
  - 二：「一首拿給妻」二行
  - 三：「另一首」二行

C
- 昔：「小時後我的魚」二行
- 今：「我長大魚也長大」四行

D
- 果：「把你的影子加點鹽」三行
- 因：「老的時候」二行

這一題是針對形式結構來命題，學生要對賓主法的認識有一定的程度，才可能作答。

後一題的A和C選項考的是內容結構中「核心成分」中主旨的所在位置，D選項考的是「核心成分」中的綱領的統貫能力，E選項則是考內容結構中「外圍成分」是如何烘托出「核心成分」的。

在針對章法來命題時，最大的困擾在於大家對章法的共識不足，不像文法、修辭格等，大體上已有共通的、相同的體認；因此在出題時就只能針對大家最能認同的一個小小的範圍來命題，可說是非常受到限制。不過，希望這點能因章法日漸受到重視，而有很大的改善；那麼，其實章法考題的發展空間實在是非常的大，甚至可以用閱讀測驗、作文等方式來評量。

四、結語

章法是深入文章的一把鑰匙。握有它，就絕不會入文學寶山而空回。所以，身爲教師的我們，不僅自己應該握有這把鑰匙，更重要的，是讓所有的學生們也能擁有；這樣，我們就可以隨時拿起它，開啓一個新異的文學天地。

貳、常見章法簡介

一、今昔法

定　義：將時間中的「今」（現在）與「昔」（過去），依篇章需求作適當安排的章法。

美感與特色：「由昔而今」的順敘方式，是最爲常見的敘述方式，也是最符合事物本身的發展規律的，而合乎規律的東西就是美的，就是眞的。至於「由今而昔」地逆敘，是將美感情緒波動最急促、最密集的部分先呈現出來，非常醒目。而「今昔今」的結構方式，會將激烈的美感情緒再次重現，形成呼應，有餘韻不絕的感受，是僅次於順敘結構之外，最爲常見的結構方式。還有其他「今昔迭用」的結構，「今」與「昔」之間會形成一再地、强烈的呼應，美感也因此而產生。

二、久暫法

定　義：將文學作品中的長、短時間作適當安排的章法。

美感與特色：久、暫的時間安排，是配合情感的波動，所形成的長時與瞬時的對照。當文學作品呈現「由暫而久」的時間設計，則「暫」會更强調出「久」，而時間的悠久本身即會產生美感，而且最有利於歷史感的帶出。至於「由久而暫」的設計方式，則是强調出「暫」，選取情意量最爲豐富的一剎那，來作特寫的呈現。

三、遠近法

定　義：將空間遠、近變化紀錄下來而形成的章法。

美感與特色：「由近而遠」的空間變化中，距離由近而遠地拉開，附著於空間的景物也漸次地呈現在讀者眼前，造成一種「漸層」的效果；而且空間若向遠方無限延伸時，常會使人湧起一股崇高感，並使其中醞釀的情緒得到最大的加强。而「由遠而近」則會將空間拉近，並讓近處的景物得到最大的注意。此外上有多種「遠近迭用」的空間結構，這一方面可以滿足愛好新奇變化的審美心理，而且也合乎中國傳統的遠近往還的遊賞方式。

四、內外法

定　義：將出現在文學作品中的，建築物內、外的空間轉換表達出來的章法。

美感與特色：因爲有建築物（門、窗、帷、牆……）在「隔」，因此這種內外空間造成的「漸層」效果最好，也因此而特別有一種幽深曲折的美感，最適合用來醞釀幽邃的境界。

五、左右法

定　義：將空間在左、右之間移動，而造成的橫向變化紀錄下來的章法。

美感與特色：向左、右延展的空間，最能傳達出「均衡」的美感，而且特別容易造成遼闊的空間感，也因此而產生安定靜穆的感受。此外，這種空間很容易凸顯出在左、右造成均衡的物（或人），這也是特色之一。

六、高低法

定　義：記載文學作品中空間高、低變化的章法。

美感與特色：在「由低而高」的空間中，方向是往上的，因此給人一種輕鬆、自由的感受；而且當它創造出一個高偉的空間時，容易使審美主體由靜觀而融合，終於達致崇高的情境。至於「由高而低」的置景法，則方向是往下的，因此沈重、密集、束縛，可是力量也因此而非常驚人。而「高低迭用」的空間，則可靈活地收納上上下下的景物，以烘托出作者的主觀情意。

七、大小法

定　義：將空間中大的面與小的面之間，擴張、凝聚的種種變化紀錄下來的章法。

美感與特色：大小空間展現的是平面美。形成的若是「由大而小」的包孕式空間，則最後會凝聚在小小的一「點」上，具有最強大的集中效果。「由小而大」的輻射式空間剛好相反，會有擴大、奔放的效果，是平面美的極致。而「大小迭用」的空間，則會形成「大者更擴散、小者更集中」的效果。

八、視角變換法

定　義：不從單一的角度去描摹景物，而是將空間三維——長、寬、高互相搭配，造成視角的移動，並將此種變化體現在文學作品中的一種章法。

美感與特色：中國傳統的觀照方式即是仰觀俯察、遠近遊目，因此特別容易形成視角變化的空間。這樣的空間結構方式，一方面可以自由地收羅不同空間的不同景物；而且空間的轉換，會造成「躍動性的空間美」，十分靈動。

九、時空交錯法

定　義：在文學作品中，分別關顧了時間的流逝，以及空間的呈現，使兩者之間相輔相成，以求篇章內容完整、美感多元。

美感與特色：人處在四維時空中，都有時間知覺與空間知覺，體現在作品中，會形成空間時間的混和美；這種美，美在同時掌握流動的時間與廣延的空間，因而更加凸顯出人處在宇宙的一點中，種種作爲、感受的意義，營造出一個專屬於作者個人的「小宇宙」。

十、狀態變化法

定　義：將外在世界中，萬事萬物某一狀態本身的變化，呈現在文章中的章法。

美感與特色：由於人對某一對象的某種特徵的注意越集中，在大腦皮層的相應部位就越能引起優勢興奮中心，這就是「有意注意優勢」，藉助於此，人們可以達到非常有效的觀察。創作者對觀察的結果感覺到美，便會用文字準確地傳達出來，於是出現對狀態變化的刻畫；但這與其說是對事物形態的模擬，還不如說是對美感情緒波動的模擬。

十一、知覺轉換法

定　義：以節段的篇幅去描摹不只一種的感覺，藉此展現創作者對大千世界多面認識的章法。

美感與特色：人的任何一種知覺活動，都離不開感覺；因此人的感覺器官接收客觀世界的訊息，經過審美心理的運作後，就產生了種種的知覺美。在這之中，視覺和聽覺出現的次數最頻繁，與美的關係也最密切，因此這兩種知覺特稱爲「美的知覺」；不過，各種知覺之間，都是彼此輔助的；而且最終都會匯歸爲心覺，在心覺中獲得內在統一，這才是目的與極致。

十二、本末法

定　義：凡將一個事理的始末原原本本、按照次序地敍出，就是「由本而末」；反之，即是「由末而本」。用這種方式來修飾篇章的，便是本末法。

美感與特色：「由本而末」的推展，是合乎客觀事物的發展規律的，因而有一種發展規律美；而且這樣的思維方式是受控制而有方向的神經活動，所以神經活動因省力而產生快感，這又是一種不緊不慢的輕鬆美；而且「循序漸進」也是達成和諧整齊的方法之一。不過，如果用「由末而本」、「本末本」、「末本末」等變化的型態，不僅本身也是有理路可循，還可以避免因太過順理成章而產生的單調無聊。

十三、淺深法

定　義：是文意（境）有淺有深，而在文章中形成層次的章法。

美感與特色：淺深法在指陳文章內容發展的進程上，有其犀利之處。而且文意（境）之所以會有淺深的轉變，也是因爲要符合寫作主體的美感情緒的波動變化，因此這種章法所標識出的，其實就是美感情緒的波動。

十四、因果法

定　義：「因爲……所以……」的構句方式是十分常見的；相反地，由「所以」至「因爲」的情形也有；甚至「因爲」與「所以」多次交互出現的情況也屢見不鮮。因此，這樣的思維方式，其應用範圍擴大到篇章時，那就形成因果法了。

美感與特色：因果邏輯的應用十分廣泛，所以因果法在文學作品中也就相當的常見。其中最常出現的型態是「由因及果」，這樣可以因順推而產生規律美，也可以全面地弄清楚事情的前因後果。而「由果溯因」的結構，因爲「果」最後才出現，很能夠挑起讀者的「期待感」。而其他的變化類型，除了變化的美感外，也藉助「因」與「果」的多次呈現，來更深入內容。

十五、衆寡法

定　義：衆寡法所指陳的章法現象，就是多數與少數之間相映成趣的關係。

美感與特色：「由衆而寡」的結構，會凸出一個焦點——「寡」；而「由寡而衆」的結構，則會因涵蓋範圍的擴大，而有一種放大的作用。而且衆、寡的變化也可以打破沈悶，造成新鮮感。

十六、並列法

定　義：並列結構成分都是圍繞著主旨，從各個方面、角度來闡發主旨；而且彼此之間的關係不分賓主，也未形成層次。

美感與特色：並列結構在形式上的反覆，可以產生整齊之美；但又不是全然的相同，因此又有變化的美感。而且並列結構成分「形散而神不散」，在主旨的統攝下指向和諧的統一，相當合乎美的規律。

十七、情景法

定　義：乃是借重具體的景物（實），來襯托抽象的情意（虛），以增強詩文的情味力量。

美感與特色：在主客關係中，主體佔了主導的位置；主體依據其特殊的情意，檢擇適合的景象，此即所謂的「知覺定勢」。因此景與情的關係是相應相生的，所以可以產生一種「調和」的美感；所給予人的是欣賞而不是推理，是領悟而不是說教。

十八、論敘法

定　義：將抽象的道理（虛），和具體的事件（實）結合起來，使之相輔相成的一種章法。

美感與特色：「知覺定勢」的說法也可以應用在論敘法中，因此「事」是經過檢擇的，可以與「論」相呼應。而且從具體的事物中提煉出抽象的理論，揭示了客觀眞理，這個過程本身即會產生美感。

十九、泛具法

定　義：「事、景、情、理」在單寫時，出現泛寫、具寫合用的情形，即以「泛具」法來指稱。

美感與特色：「事、景、情、理」泛寫、具寫合用的情形，完全可以用「抽象」和「具象」的關係來解釋，它們會分別形成抽象美和具象美，也會互相適應而達成調和的美感。

二十、時間的虛實法

定　義：即是將「實」時間（昔、今）與「虛」時間（未來）揉雜於篇章中，以求敘事（寫景）、抒情（議論）的最好效果的章法。

美感與特色：時間的虛實法能掌握過去、現在、未來，是其他章法所沒有的優勢。而且「實」與「虛」之間互相聯繫、滲透、轉化，而生生不窮；也就是由局部性的交流所產生的靈動美，趨向整體統一的和諧美。

二十一、空間的虛實法

定　義：將眼前所見的實空間，以及設想得來的虛空間揉雜於篇中，使空間處理靈活而有彈性的章法。

美感與特色：在想像力的奔放縱馳下，虛、實空間轉換自如，是最能展現空間變化之美的；而且「實」與「虛」之間的相生相濟，爲文學作品增添了靈活調和的美感。

二十二、假設與事實（虛實）法

定　義：此處的「假設」指的是虛構的事物，而「事實」指的是現實世界中已發生的一切，兩兩對映、結合，組織成文學作品。

美感與特色：所謂的「事實」是指從現實世界中提煉出來的眞實；而「假設」在文學中更佔有特別的地位，是人類心理的直接投射，是出乎現實而超乎現實，可以說是比眞實更眞實。而當此二者在作品中相互呼應時，輝耀出的是客觀世界與主觀世界所共同彰顯的眞實。

二十三、凡目法

定　義：在敘述同一類事、景、理、情時，運用了「總括」與「條分」來組織篇章的一種方式。

美感與特色：凡目法的形成，基本上是運用了歸納、演繹的邏輯思考；也就是說歸納式的思考會形成「先目後凡」的結構，演繹式的思考會形成「先凡後目」的結構，而「凡目凡」、「目凡目」的結構，則是綜合運用了歸納、演繹的推理方式而形成的。所以「凡」是總括，具有統括的力量，有集中的美感；「目」則是條分，條分的項目是並列的，因而有一種整齊美。而且「凡目凡」和「目凡目」結構還有一個特點，那就是具有對稱（均衡）的美感。

二十四、詳略法

定　義：即將詳寫、略寫的筆法在篇章中相互為用，以凸出主旨的章法。

美感與特色：美感的一個很大的來源是「比例」，「比例」指的就是兩部分配稱或不配稱。而詳寫、略寫都必須以凸出主旨爲第一考量，所以這就涉及了部分與全體的比例是不是很適當的問題；不只如此，詳寫與略寫之間也要配合得恰到好處，這就是部分與部分的比例協調。當部分與全體、部分與部分之間都配置得十分亭勻時，自然會予人極大的審美享受。

二十五、賓主法

定　義：運用輔助材料（賓），來凸顯主要材料（主），從而有力地傳達出主旨的一種章法。

美感與特色：根據「相似」或「相反」的聯想，去尋找輔助的「賓」，以烘托出「主」，「相似」時會有「調和」之美，「相反」時會有「對比」之美；而有主有從，也符合美的整體中的各個部分有主腦與從屬之分，由主腦來統攝，而後全體的精神方覺凝聚；而且「賓」與「主」又都爲托出主旨而服務，這就是基於繁多之上的統一。

二十六、正反法

定　義：將極度不同的兩種材料並列起來，作成強烈的對比，藉反面的材料襯托出正面的意思，以增强主旨的說服力與感染力。

美感與特色：正反法是在「對比」的原理上產生的，對比因爲具有極大的差異性，因而有鮮明、醒目、活躍、振奮的强烈感受。而且有「相對立的形態」出現在篇章中，反而能使主體（正）的特點更凸出、姿態更優美。而且可以增强主旨的感染力，這又再一次證明了「繁多的統一」這一美學至理。

二十七、立破法

定　義：「立」與「破」之間針鋒相對，使得所欲探討的主題更加是非分明。

美感與特色：立破法也是根據對比的原理而成立的，但是因爲「針鋒相對」，所以效果更加地强烈。而且「立」通常是積非成是的成見，也就是「心理的惰性」，當它被「破」推翻時，自然會促成讀者理解上的飛躍，效果極爲凸出。

二十八、抑揚法

定　義：「抑」就是貶抑，「揚」就是褒揚。當我們針對一個人物或一件事情，有所貶抑或褒揚時，就是運用了抑揚法。

美感與特色：人的心理有所謂的「暈輪」效果，即先入爲主、以偏蓋全。但「欲抑先揚」和「欲揚先抑」的寫法，卻是誘人「先入爲主」，然後再來個「全盤推翻」，因此在短時間內會引起讀者兩種截然相反的情緒，所以會有極爲强大的效果。不只如此，文勢上還會產生一起一伏的波瀾，具有韻律和輕快美。

二十九、問答法

定　義：就是藉著「問」與「答」來組織篇章，不過「連問不答」也有組織的效果。而且「對話」也應包括在問答法中。

美感與特色：語言具有「刺激」與「反應」的雙重屬性，前者會形成「問」，後者會形成「答」，而且一般的對話也會形成「刺激——反應」的關係，因此可以將兩個不同的部分連結起來。而且「問」有懸疑的效果，「答」則會帶來撥雲見日的輕鬆感。至於「連問不答」則因意脈的流貫而連結爲一個整體，而且因爲一直沒有回答，於是造成了懸宕的特別效果。

三十、平側法

定　義：平提數項的部分，和側注其中一、二項的部分，兩者結合起來所形成的章法。

美感與特色：平側法最大的優點，就是很容易藉著側注，凸顯出重心來。而且平提的部分也同時具有收束和拓開的作用，這也會帶來美感。

三十一、縱收法

定　義：即是將「縱離主軸」、「拍回主軸」的手段交錯爲用的一種章法。

美感與特色：「縱」就是放開，「收」就是拉回。當美感情緒四處流溢時，其表現出來的形態就是「縱」，但這其實是爲了收束美感情緒，使之集中到一點上，也就是「收」。放開、收束的交互作用，可以藉著因落差而產生的力量，來推深作品中的情意，增強美感。

三十二、張弛法

定　義：造成文章中緊張與鬆弛的不同節奏，並使之互相配合的章法。

美感與特色：審美情緒波動大時，產生「張」的節奏；波動小時，產生「弛」的節奏。前者予人緊張感，後者則是舒緩的；張、弛節奏若做更多次不同的搭配，會有起伏呼應的效果，韻律感會更强。

三十三、插敘法

定　義：將詞章從中擘開，插入一段文字的章法，就是插敘法。

美感與特色：當文章作非順向發展的時候，就有插敘的可能；更積極一點來說，還可以刻意用插敘的方式，讓美感情緒迂迴發展，以增强美感濃度、增加審美享受。而且插敘截斷了原來敘述的次序，會有「藕斷絲連」的特別效果，這是其他章法所沒有的。

三十四、補敘法

定　義：就是在篇章之末，對前文作補充敘述的章法。

美感與特色：爲了要使主體部分更簡明暢達，所以用補敘的方式來交代一些細節，以避免損傷敍述的完整性；這樣就具備了簡潔與完備的優點。而且前面漏失的，後面就補充，這也是一種呼應，所以有聯絡美。

（詳見拙著《篇章結構類型論（上下）》）

參、章法分析：

先秦——六朝篇

《左傳・燭之武退秦師》

晉侯、秦伯圍鄭，以其無禮於晉，且貳於楚也。晉軍函陵，秦軍氾南。佚之狐言於鄭伯曰：「國危矣！若使燭之武見秦君，師必退。」公從之。辭曰：「臣之壯也，猶不如人；今老矣！無能爲也已。」公曰：「吾不能早用子，今急而求子，是寡人之過也。然鄭亡，子亦有不利焉！」許之。夜縋而出。

見秦伯曰：「秦、晉圍鄭，鄭既知亡矣！若亡鄭而有益於君，敢以煩執事。越國以鄙遠，君知其難也。焉用亡鄭以陪鄰？鄰之厚，君之薄也。若舍鄭爲東道主，行李之往來，共其乏困，君亦無所害。且君嘗爲晉君賜矣！許君焦、瑕，朝濟而夕設版焉！君之所知也。夫晉，何厭之有？既東封鄭，又欲肆其西封。若不闕秦，將焉取之？闕秦以利晉，惟君圖之！」

秦伯說，與鄭人盟，使杞子、逢孫、楊孫戍之，乃還。

子犯請擊之，公曰：「不可。微夫人之力不及此。因人之力而敝之，不仁；失其所與，不知；以亂易整，不武。吾其還也。」亦去之。

結構分析表

- 點
  - 因：「晉侯秦伯圍鄭」三句
  - 果：「晉軍函陵」二句
- 染
  - 先
    - 因：「佚之狐……公從之」
    - 果
      - 因
        - 說：「辭曰……無能爲也已」
        - 對：「公曰……有不利焉」
      - 果：「許之」二句
  - 中
    - 先
      - 反（亡鄭有益）：「見秦伯曰……敢以煩執事」
      - 正
        - 亡鄭有害：「越國以鄙遠……君之薄也」
        - 舍鄭有利：「若舍鄭……君亦無所害」
        - 舊恨：「且君嘗爲……君之所知也」
        - 隱憂：「夫晉……惟君圖之」
    - 後：「秦伯說……乃還」
  - 後
    - 因：「子犯請擊之……吾其還也」
    - 果：「亦去之」

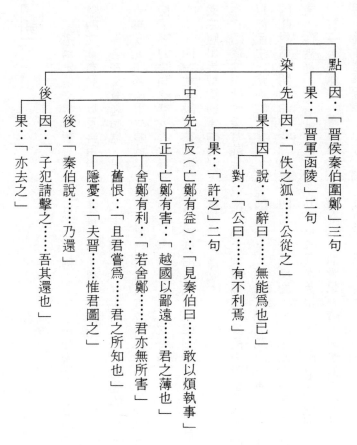

說明

這篇史傳文字用短短不足三百字的篇幅，交代了一件牽涉三個國家的重要外交事件；清晰的文章布局，以及善用對話來連接，起了很大的作用。

作者在文章起始處，只用了二十五個字，就說明了事件的起因，以及現在的狀況。其後的部分，作者採用「順敍」這種最簡單明瞭而且有效的敍述方式，來帶出事情的發展，因此接下來的時間結構，大致可分爲「先——中——後」三段。

一開始地點設定在鄭國，作者用對話的方式來聯繫文句，並且藉著對話的內容，將燭之武答應出馬解決紛爭的經過，解釋得非常清楚。

隨後地點轉至秦君駐紮的氾南，燭之武對秦伯所說的一段話是全文的重心。這段話之所以能產生決定性的影響力，那是因爲燭之武洞悉秦晉之間的矛盾，再巧其辭令以剖析利害。因此對話一開始的「秦晉圍鄭」四句，只是反面，目的在凸顯出後面的說辭；而轉入正面之後，作者從亡鄭有害、舍鄭有利，以及前有舊恨、後有隱憂四方面來加以遊說，而且稱「君」、「執事」者共九次，彷彿全爲秦伯設想一般，使秦伯不由得不信。最後秦伯不僅退兵，還派遣軍隊幫忙防守，燭之武可謂大獲全勝。

整個事件的結尾，是描述晉國失去了秦國的幫助之後，晉侯的反應展現了泱泱大國的氣度，也撤軍而去。至此鄭國眼前的危機因而解除。

這篇〈燭之武退秦師〉首尾完足，而且對涉及此事的三國，都有所著墨發揮，作者驅遣文字的功力，可說是已臻化境了。

《戰國策・馮諼客孟嘗君》△

齊人有馮諼者，貧乏不能自存，使人屬孟嘗君，願寄食門下。孟嘗君曰：「客何好？」曰：「客無好也。」曰：「客何能？」曰：「客無能也。」孟嘗君笑而受之，曰：「諾。」左右以君賤之也，食以草具。

居有頃，倚柱，彈其劍，歌曰：「長鋏歸來乎！食無魚。」左右以告。孟嘗君曰：「食之，比門下之客。」居有頃，復彈其鋏，歌曰：「長鋏歸來乎！出無車。」左右皆笑之，以告。孟嘗君曰：「爲之駕，比門下之車客。」於是乘其車，揭其劍，過其友。曰：「孟嘗君客我。」後有頃，復彈其劍鋏，歌曰：「長鋏歸來乎！無以爲家。」左右皆惡之，以爲貪而不知足。孟嘗君問：「馮公有親乎？」對曰：「有老母。」孟嘗君使人給其食用，無使乏，於是馮諼不復歌。

後孟嘗君出記，問門下諸客：「誰習計會，能爲文收責於薛者乎？」馮諼署曰：「能。」孟嘗君怪之曰：「此誰也。」左右曰：「乃歌夫長鋏歸來者也。」孟嘗君笑曰：「客果有能也。吾負之，未嘗見也。」請而見之。謝曰：「文倦於事，憒於憂，而性懧愚，沈於國家之事。開罪於先生，先生不羞，乃有意欲為收責於薛乎？」馮諼曰：「願之。」

於是約車治裝，載券契而行。辭曰：「責畢收，以何市而反？」孟嘗君曰：「視吾家所寡有者。」驅而之薛，使吏召諸民，當償者悉來合券。券徧合，起矯命，以責賜諸民，因燒其券。民稱萬歲！長驅到齊，晨而求見。孟嘗君怪其疾也，衣冠而見之，曰：「責畢收乎？來何疾也？」曰：「收畢矣。」「以何市而反？」馮諼曰：「君云視吾家所寡有者，臣竊計：君宮中積珍寶，狗馬實外廄，美人充下陳，君家所寡有者以義耳！竊以為君市義。」孟嘗君曰：「市義奈何？」曰：「今君有區區之薛，不拊愛子其民，因而賈利之。臣竊矯君命，以責賜諸民。因燒其券，民稱萬歲！乃臣所以為君市義也。」孟嘗君不說，曰：「諾，先生休矣。」

後朞年，齊王謂孟嘗君曰：「寡人不敢以先王之臣為臣。」孟嘗君就國於薛。未至百里，民扶老攜幼，迎君道中。孟嘗君顧謂馮諼：「先生所為文市義者，乃今日見之。」

馮諼曰：「狡兔有三窟，僅得免其死耳。今君有一窟，未得高枕而臥也！請爲君復鑿二窟。」孟嘗君予車五十乘，金五百斤，西遊於梁。謂梁王曰：「齊放其大臣孟嘗君於諸侯，諸侯先迎之者，富而兵强。」於是梁王虛上位，以故相爲上將軍；遣使者，黃金千斤，車百乘，往聘孟嘗君。馮諼先驅，誡孟嘗君曰：「千金，重幣也；百乘，顯使也。齊其聞之矣！」梁使三反，孟嘗君固辭不往也。

齊王聞之，君臣恐懼。遣太傅齎黃金千斤、文車二駟、服劍一，封書謝孟嘗君，曰：「寡人不祥，被於宗廟之祟，沈於諂諛之臣，開罪於君。寡人不足爲也，願君顧先王之宗廟，姑反國，統萬人乎！」馮諼誡孟嘗君曰：「願請先王之祭器，立宗廟於薛。」廟成，還報孟嘗君。曰：「三窟已就，君姑高枕爲樂矣。」

孟嘗君爲相數十年，無纖介之禍者，馮諼之計也。

結構分析表

- 敍
  - 抑（昔受恩）
    - 先：「齊人……曰諾」
    - 中
      - 一：「左右……門下之客」
      - 二：「居有頃……客我」
      - 三：「後有頃……無使乏」
    - 後：「於是馮諼不復歌」
  - 揚（今報恩）
    - 目
      - 一市義
        - 因
          - 先：「後……先生休矣」
          - 後：「後朞年……迎君道中」
        - 果：「孟嘗君……今日見之」
      - 接榫：「馮諼曰……鑿二窟」
      - 二梁相：「孟嘗君……統萬人乎」
      - 三宗廟：「馮諼……廟成」
    - 凡（三窟）：「還報孟嘗君曰」三句
- 論：「孟嘗君爲相數十年」三句

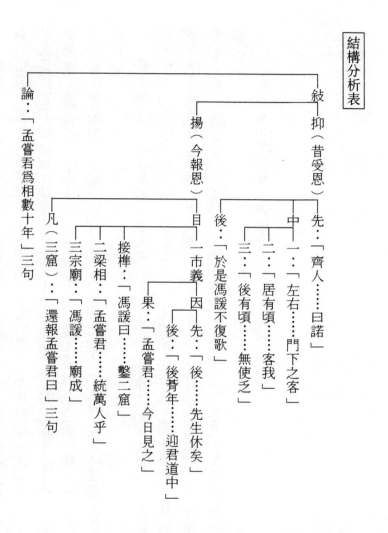

說明

這則故事之所以能引人入勝，除了本身具有的傳奇性之外，良好的文章架構，也起了很大的加分作用。

在敘述馮諼時，作者巧用抑揚法，先藉著順敘的方式，將馮諼寫得無好無能，貪得無厭，這是「抑」；接著則作一翻轉，寫馮諼深謀遠慮，經營三窟（目），並以「三窟已就，君姑高枕爲樂矣」作一總括（凡），大大「揚」起。因爲抑揚法具有强烈的褒貶態度，原本就容易予人深刻的印象；更何況欲揚則先抑，就好像彈簧被壓抑之後會彈得更高一般，效果更是强大。

因此，最後作者總結前面的敘述，作一評論時，說道：「孟嘗君爲相數十年，無纖介之禍者，馮諼之計也」，是完全令人信服的。

《戰國策・觸讋說趙太后》

趙太后新用事，秦急攻之。趙氏求救於齊。齊曰：「必以長安君爲質，兵乃出。」太后不肯，大臣强諫。太后明謂左右：「有復言令長安君爲質者，老婦必唾其面。」

左師觸讋願見太后。太后盛氣而揖之。入而徐趨，至而自謝，曰：「老臣病足，曾不能疾走，不得見久矣。竊自恕，而恐太后玉體之有所郄也，故願望見太后。」太后曰：「老婦恃輦而行。」曰：「日食飲得無衰乎？」曰：「恃鬻耳。」曰：「老臣今者殊不欲食，乃自強步，日三、四里，少益耆食，和於身也。」太后曰：「老婦不能。」太后之色少解。

左師公曰：「老臣賤息舒祺，最少，不肖。而臣衰，竊愛憐之，願令得補黑衣之數，以衛王宮。沒死以聞。」太后曰：「敬諾！年幾何矣？」對曰：「十五歲矣。雖少，願及未填溝壑而託之。」太后曰：「丈夫亦愛憐其少子乎？」對曰：「甚於婦人。」太后笑曰：「婦人異甚！」對曰：「老臣竊以爲媼之愛燕后，賢於長安君。」曰：「君過矣！不若長安君之甚。」左師公曰：「父母之愛子，則爲之計深遠。媼之送燕后也，持其踵爲之泣，念悲其遠也！亦哀之矣。已行，非弗思也，祭祀必祝之，祝曰：『必勿使反！』豈非計久長，有子孫相繼爲王也哉？」太后曰：「然。」

左師公曰：「今三世以前，至於趙之爲趙，趙主之子孫侯者，其繼有在者乎？」曰：「無有。」曰：「微獨趙，諸侯有在者乎？」曰：「老婦不聞也。」

「此其近者禍及身，遠者及其子孫。豈人主之子孫，則必不善哉？位尊而無功，奉厚而無勞，而挾重器多也。今媼尊長安君之位，而封之以膏腴之地，多予之重器，而不及今令有功於國。一旦山陵崩，長安君何以自託於趙？老臣以媼爲長安君計短也，故以爲其愛不若燕后。」太后曰：「諾！恣君之所使之！」

於是爲長安君約車百乘，質於齊，齊兵乃出。

子義聞之曰：「人主之子也，骨肉之親也，猶不能恃無功之尊，無勞之奉，而守金玉之重也，而況人臣乎？」

結構分析表

- 敘
  - 因
    - 因：「趙太后……唾其面」
    - 果
      - 敲
        - 一：「左師觸讋……色少解」
        - 二：「左師公曰……而託之」
      - 擊：「太后曰大夫……所使之」
  - 果：「於是爲長安君」三句
- 論：「子義聞之……人臣乎」

說明

這篇故事是用「先敍後論」的方式寫成的。

文章一開始，作者先敍述趙太后不允長安君至齊爲質之事，因此引起其後觸讋的遊說，所以這一段是「因」。

觸讋遊說之事佔了全文絕大部分的篇幅，這是「果」。從「因」的敍述中，可以得知此次遊說的難度甚高，那麼觸讋要如何著手呢？妙就妙在觸讋先「旁敲」，然後再「正擊」，果然一擊中的（「敲擊」法是陳滿銘所提出的新章法）。在「左師觸讋……色少解」一段中，觸讋絕口不提長安君，只是從自身老邁之狀敍起，讓太后不覺中撤下警戒心，因此吳楚材注道：「自入見至此，敍了許多寒溫，絕不提起長安君，妙」、「老婦已入老臣彀中」（見《古文觀止》）；這是「敲一」。然後觸讋又說起自己的幼子舒祺，吳楚材針對此說道：「又少、又不肖、又自衰，不得不愛憐之。先寫出一長安君影子」（見《古文觀止》）因此慢慢接近正題，引出太后心事；這是「敲二」。所以太后接著情不自禁地說出：「丈夫亦愛憐其少子乎？」吳楚材評道：「無數紆折，只要餂得此一句。」（見《古文觀止》）從此之後，都是圍繞著「父母之愛子，則爲之計之深遠」來敍寫，使得太后不由得不信服，終於允諾長安君爲質；這是「擊」的部分。因此王文濡分析道：「左師悟太后，句句閒語，步步閒情，又妙

在從婦人情性體貼出來。便借燕后反襯長安君，危詞警動，便爾易入。」（見《古文觀止》）

然後用短短三句交代整件事情的結果。

最後借子義之口，對此事作一評論，發人深省。

《莊子・庖丁解牛》

庖丁爲文惠君解牛。手之所觸，肩之所倚，足之所履，膝之所踦，砉然嚮然，奏刀騞然，莫不中音：合于桑林之舞，乃中經首之會。

文惠君曰：「嘻，善哉！技蓋至此乎？」

庖丁釋刀對曰：「臣之所好者，道也；進乎技矣。始臣之解牛之時，所見無非牛者；三年之後，未嘗見全牛也。方今之時，臣以神遇而不以目視，官知止而神欲行。依乎天理，批大　，導大窾，因其固然，技經肯綮之未嘗，而況大軱乎？良庖歲更刀，割也；族庖月更刀，折也。今臣之刀十九年矣，所解數千牛矣，而刀刃若新發於硎。彼節者有間，而刀刃者無厚；以無厚入有間，恢恢乎其於游刃必有餘地矣！是以十九年而刀刃若新發於硎。雖然，每至於族，吾見其難爲，怵然爲戒，視爲止，行爲遲，動刀甚微，謋然已解，如土委地，提刀而立，爲之四顧，爲之躊躇滿志；善刀而藏之。」

文惠君曰：「善哉！吾聞庖丁之言，得養生焉。」

結構分析表

- 敘
  - 泛：「庖丁爲文惠君解牛」
  - 具
    - 視：「手之所觸」四句
    - 聽：「砉然嚮然」五句
- 論
  - 淺（技）：「文惠君曰」四句
  - 中（道）
    - 凡：「臣之所好者」三句
    - 目
      - 全
        - 因：「始臣之解牛之時……況大軱乎」
        - 果：「良庖歲更刀……若新發於硎」
      - 偏：「雖然……善刀而藏之」
  - 深（養生）：「文惠君曰」四句

說明

文章一開始，就是對解牛場面的描述；在作者的妙筆下，原本血腥的場面，卻宛如一場藝術表演般，充滿了動作與聲音的美感。

接著，就是以問答的方式帶出「論」。首先，文惠君對解牛的理解只停留在「技」的層面上，是「淺」。庖丁在回答時說：「道也，進乎技矣。」並且先全面地解釋其解牛之時，因為「以神遇不以目視，官知止而神欲行」，所以刀刃「以無厚入有間，恢恢乎其於游刃必有餘地矣」；然後又針對難為的情況，特別加以說明，這一大段是「中」。最後，文惠君總結地下了一個評語：「得養生焉」，將層次由解牛提升到人生哲理，這是最深刻的。

作者從普通的事物中提煉出深刻的哲理，用優雅簡練的筆觸加以描寫，所閃爍的智慧之光，令人悠然神往。

就在「論」之「中」部分，陳滿銘《章法學新裁》說：「在這兒，庖丁說明了自己『所好者道也，進乎技矣』的道理，首先是自『始臣之解牛之時』起至『而況大軱乎』止，說明的是自己由『目視』而臻於『神遇』的進境，其中『始臣之解牛之時』二句為一疊，『三年之後』二句為二疊，『方今之時』九句為三疊。然後是自『良庖歲更刀』起至『是以十九年而刀刃若新發於硎』止，說明的是自己所用刀已十九年卻完好如初的事實與理由。在此，庖丁拿良庖、族庖和自己作了比較，有意與前三疊作呼應，其中『良庖歲更刀』二句為一疊，與前『三年之後』一疊相呼應；『族庖月更刀』二句為二疊，與前『始臣之解牛之時』一疊相呼應；『今臣之刀十九年矣』八句為三疊，與前『方今之時』一疊相呼應。這樣以三疊前後呼應，把『所好者道也，進乎技矣』的道理說得極爲明白。」可供參考。

△《荀子・勸學》

君子曰：學不可以已。青，取之於藍，而青於藍；冰，水爲之，而寒於水。木直中繩，輮以爲輪，其曲中規，雖有槁暴，不復挺者，輮使之然也。故木受繩則直，金就礪則利；君子博學而日參省乎己，則知明而行無過矣。故不登高山，不知天之高也；不臨深谿，不知地之厚也；不聞先王之遺言，不知學問之大也。干、越、夷、貉之子，生而同聲，長而異俗，教使之然也。

吾嘗終日而思矣，不如須臾之所學也；吾嘗跂而望矣，不如登高之博見也。登高而招，臂非加長也，而見者遠；順風而呼，聲非加疾也，而聞者彰。假輿馬者，非利足也，而致千里；假舟楫者，非能水也，而絕江河。君子生非異也，善假於物也。

南方有鳥焉，名曰蒙鳩，以羽爲巢，而編之以髮，繫之葦苕。風至苕折，卵破子死。巢非不完也，所繫者然也。西方有木焉，名曰射干，莖長四寸，生於高山之上，而臨百仞之淵。木莖非能長也，所立者然也。蓬生麻中，不扶而直；白沙在涅，與之俱黑。蘭槐之根是爲芷，其漸之滫，君子不近，庶人不服。其質非不美也，所漸者然也。故君子居必擇鄉，遊必就士，所以防邪僻而近中正也。

物類之起，必有所始；榮辱之來，必象其德。肉腐出蟲，魚枯生蠹。怠慢忘身，禍災乃作。强自取柱，柔自取束；邪穢在身，怨之所構。施薪若一，火就燥也；平地若一，水就溼也；草木疇生，禽獸羣焉。物各從其類也。是故質的張而弓矢至焉，林木茂而斧斤至焉，樹成蔭而衆鳥息焉，醯酸而蜹聚焉。故言有召禍也，行有招辱也，君子慎其所立乎！

積土成山，風雨興焉；積水成淵，蛟龍生焉；積善成德，而神明自得，聖心備焉。故不積蹞步，無以至千里；不積小流，無以成江海。騏驥一躍，不能十步；駑馬十駕，功在不舍。鍥而舍之，朽木不折；鍥而不舍，金石可鏤。螾無爪牙之利、筋骨之强，上食埃土，下飲黃泉，用心一也。蟹六跪而二螯，非虵蟺之穴，無可寄託者，用心躁也。是故無冥冥之志者，無昭昭之明；無惛惛之事者，無赫赫之功。行衢道者不至，事兩君者不容。目不能兩視而明，耳不能兩聽而聰。螣蛇無足而飛，梧鼠五技而窮。詩曰：「尸鳩在桑，其子七兮。淑人君子，其儀一兮。其儀一兮，心如結兮。」故君子結於一也。

昔者瓠巴鼓瑟，而流魚出聽；伯牙鼓琴，而六馬仰秣。故聲無小而不聞，行無隱而不形。玉在山而草木潤，淵生珠而崖不枯。爲善不積邪，安有不聞者乎！

學惡乎始？惡乎終？曰：其數則始乎誦經，終乎讀禮；其義則始乎爲士，終乎爲聖人。真積力久則入；學至乎没而後止也。

結構分析表

- 目
  - 偏（精神）
    - 果（學不已）：「君子曰」二句
    - 因
      - 末（效果）
        - 果：「君子曰……使之然也」
        - 因：「吾嘗終日……假於物也」
      - 本（方法）
        - 愼所擇：「南方有鳥……近中正也」
        - 愼所立：「物類之起……其所立乎」
        - 結於一：「積土成山……結於一也」
  - 全（宗旨）：「昔者瓠巴……不聞者乎」
- 凡
  - 全
    - 因（進程）：「學惡乎始……終乎讀禮」
    - 果（宗旨）：「其義則始乎爲士」
  - 偏（精神）：「眞積力久則入」二句

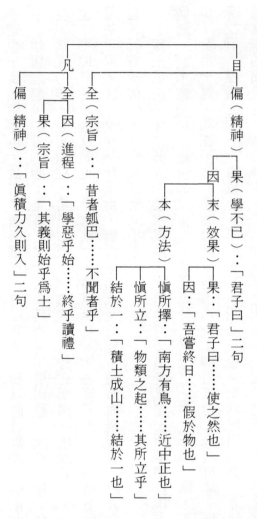

說明

荀子主張性惡說，因此特別注重學習，這篇〈勸學〉就是基於這樣的觀點而寫成的。

本文（就課本所選部分）是以「先目後凡」的結構組織起來的，而且在「目」與「凡」中，都採用了「偏全」法。所謂的「偏」，乃是指就某些切面來著墨，所謂的「全」，則是指全面性的觀照；而此處的「偏」是「學之精神」，「全」則是「學之宗旨」。

文章一開始，先由「偏」著手，藉著「君子」之口，來斷一句：「學不可以已」，認爲學習的精神在不已。爲什麼可以如此說呢？作者接著用許多譬喻來說明學習所能產生的效果，這是就結果來說；其次則探討原因，那是因爲善於運用所學得的知識（即「善假於物」。）這「由果及因」來說明「學之效果」的部份是「末」，接著追溯其「本」，也就是「學之方法」，作者提出了幾點：「愼所擇」、「愼所立」、「結於一」，也都用了許多譬喻來幫助說明。

隨後，作者又以一連串的譬喻作爲開頭，目的在闡明：「爲善不積邪，安有不聞者乎」，這是就「學之宗旨」而言，是「全」的觀點。

前面有關於「偏（學之精神）」與「全（學之宗旨）」的大篇幅敘述，都在篇末用短短數語牢籠：先以「學惡乎始……爲聖人」一段，回應「全（學之宗旨）」；再以「眞積力久則入」二句，回應「偏（學之精神）」。這樣的布局法，一方面造成首尾圓密的效果，另方面也可以更深刻地闡述義理，是相當好的作法。

藉著〈勸學〉一文的結構分析表，我們可以瞭解這篇文章的內容是如何組織起來的，也才可以準確地掌握荀子對於「學習」的看法，而荀子的勸勉之意，自然就能爲讀者所領略了。

《禮記・美輪美奐》△

晉獻文子成室，晉大夫發焉。張老曰：「美哉輪焉！美哉奐焉！歌於斯！哭於斯！聚國族於斯！」

文子曰：「武也得歌於斯，哭於斯，聚國族於斯，是全要領以從先大夫於九京也！」北面再拜稽首。

君子謂之善頌善禱。

結構分析表

- 點：「晉獻文子成室」二句
- 染
  - 目
    - 善頌：「張老曰……聚國族於斯」
    - 善禱：「文子曰……再拜稽首」
  - 凡：「君子謂之善頌善禱」

說明

作者先以首二句「點」出事情的大概，接著再用大部分的篇幅「染」出事件的細節。「染」的部分是用「先目後凡」的方式來架構的；作者先敍寫「善頌」之張老（目一），然後寫「善禱」之文子（目二），最後以「君子謂之善頌善禱」一句，統括前幅（凡），林雲銘《古文析義》即針對此語道：「善頌指張老，善禱指文子，一語結得兩人，簡而該。」作者的手法眞是俐落極了。

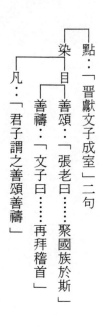

《禮記・大同世界》

昔者，仲尼與於蜡賓，事畢，出游於觀之上，喟然而嘆。——仲尼之嘆，蓋嘆魯也。——言偃在側，曰：「君子何嘆？」

孔子曰：「大道之行也，與三代之英，丘未之逮也，而有志焉。大道之行也，天下爲公：選賢與能，講信修睦。故人不獨親其親，不獨子其子；使老有所終，壯有所用，幼有所長，矜、寡、孤、獨、廢、疾者皆有所養。男有分，女有歸。貨惡其棄於地也，不必藏於己；力惡其不出於身也，不必爲己。是故謀閉而不興，盜竊亂賊而不作；故外戶而不閉。是謂『大同』。」

結構分析表

- 點：「昔者……蓋嘆魯也」
- 染
  - 問：「言偃在側」二句
  - 答
    - 凡：「孔子曰……有志焉」
    - 目
      - 因：「大道之行也」四句
      - 果
        - 人倫：「故人不獨親其親……女有歸」
        - 資源：「貨惡其棄於地也」四句
        - 治安：「是故謀閉而不興」三句
    - 凡：「是謂大同」

說明

這篇文章是用「先點後染」的方式來架構的。至於「染」的部分，則是用言偃與孔子的一問一答聯綴起來；占了全文最重要地位的，是孔子的回答。

在這部分中，形成的結構是「凡──目──凡」。作者以「大道之行也」四句，先做一個統括（凡）；接著「目」的部分有二：目一是「因」，說明形成大同之治的原因；「目二」則是「果」，即大同之治在人倫、資源和治安上的表現；最後再以一句「是謂大同」作爲總結（凡）。如此寫來，極有次序、極爲嚴整地交代了孔子心目中的理想——大同之治。

屈原〈橘頌〉

△

后皇嘉樹，橘徠服兮。受命不遷，生南國兮。深固難徙，更壹志兮。綠葉素榮，紛其可喜兮。曾枝剡棘，圓果摶兮。青黃雜糅，文章爛兮。精色內白，類可任兮。紛縕宜脩，姱而不醜兮。嗟爾幼志，有以異兮。獨立不遷，豈不可喜兮。深固難徙，廓其無求兮。蘇世獨立，橫而不流兮。閉心自慎，不終失過兮。秉德無私，參天地兮。願歲并謝，與長友兮。淑離不淫，梗其有理兮。年歲雖少，可師長兮。行比伯夷，置以爲像兮。

結構分析表

- 實
  - 點：「后皇嘉樹」四句
  - 染
    - 外在
      - 目
        - 紮根：「深固難徙」二句
        - 花葉：「綠葉素榮」二句
        - 果實：「曾枝剡棘」六句
      - 凡：「紛緼宜脩」二句
    - 內在
      - 目
        - 因：「嗟爾幼志……廓其無求兮」
        - 果：「蘇世獨立……不終失過兮」
      - 凡：「秉德無私」二句
- 虛（願望）
  - 淺：「願歲並謝」六句
  - 深：「行比伯夷」二句

說明

楚地多橘，作者以家鄉的「嘉樹」作爲砥礪志節的榜樣，深情地寫下這首詠物名作——〈橘頌〉。

作者賦寫橘樹的美質時，採用的是「先點後染」的作法。首四句先「點」出橘樹是「生南國兮」；然後分就橘樹的「外在」與「內在」來「染」。

在描寫橘樹俊逸動人的外表時，作者先就「紮根」、「花葉」、「果實」作描述（目），並以「紛緼宜脩」二句總括起來（凡）。其後接著讚美橘樹「獨立不遷」（因），以及「橫而不流」（果）的美好精神，並將兩者統合起來，熱情地謳歌道：「秉德無私，參天地兮」（凡）。

隨後作者抒發願望（虛），希望能與橘樹常相為友，並更深一層地推崇道：「行比伯夷，置以為像兮」。

潘嘯龍讚美道：「屈原巧妙地抓住橘樹的生態和習性，運用類比聯想，將它與人的精神、品格聯繫起來，給予熱烈的讚美。借物抒志，以物寫人，既溝通物我，又融匯古今，由此造出了清人林雲銘所讚揚的『看來兩段中句句是頌橘，句句不是頌橘，但見（屈）原與橘分不得是一是二，彼此互映，有鏡花水月之妙』。」（見《先秦詩鑑賞辭典》）這段話眞是說得好極了。

△屈原〈國殤〉

操吳戈兮被犀甲，車錯轂兮短兵接；旌蔽日兮敵若雲，矢交墜兮士爭先。凌余陣兮躐余行，左驂殪兮右刃傷；霾兩輪兮縶四馬，援玉枹兮擊鳴鼓；天時墜兮威靈怒，嚴殺盡兮棄原壄。出不入兮往不反，平原忽兮路超遠；帶長劍兮挾秦弓，首身離兮心不懲。誠既勇兮又以武，終剛强兮不可凌；身既死兮神以靈，子魂魄兮爲鬼雄。

結構分析表

- 目（敍）
  - 實
    - 先（激戰）：「操吾戈兮披犀甲」四句
    - 中（戰敗）：「凌余陣兮躐余行」四句
    - 後（戰死）：「天時墜兮威靈怒」二句
  - 虛：「出不入兮往不反」四句
- 凡（論）
  - 實：「誠既勇兮又以武」二句
  - 虛：「身既死兮神以靈」二句

說明

此篇〈國殤〉乃是歌頌爲國捐軀的英靈，因此用了很多的篇幅來描繪戰士的勇武（敘），而且特別的地方有二：作者並未選擇大勝凱歸的場景，來鋪張揚厲地渲染戰士生前的英勇，而是選取激戰之後戰敗、戰死的場面，來刻畫出戰士至死不屈的凜冽節操；此外，除了對戰士生前的描述之外（實），作者的筆觸甚至延伸到戰士死後，而且英靈不滅，猶有餘威（虛）。

前面分「目」敘述的部分，在篇末都以論說的方式統括起來（凡（論）），而且以「誠既勇兮又以武」二句，回應前面「實」的部分；又以「身既死兮神以靈」二句，回應「虛」的部分。這樣的處理手法，不僅使得全文首尾圓密、點滴不漏，而且又藉著論說深化前面的敘述，藝術技巧是極爲高超的。

林雲銘針對此文說道：「先敘其方戰而勇，既死而武，死後而毅，極力描寫，不但以慰死魂，亦以作士氣、張國威也。」（見《古文析義》）可說是扣緊「國殤」，發揮得淋漓盡致。

李斯〈諫逐客書〉

臣聞吏議逐客，竊以爲過矣。

昔繆公求士，西取由余於戎，東得百里奚於宛，迎蹇叔於宋，來丕豹、公孫支於晉。此五子者，不產於秦，繆公用之，并國二十，遂霸西戎。孝公用商鞅之法，移風易俗，民以殷盛，國以富彊，百姓樂用，諸侯親服，獲楚魏之師，舉地千里，至今治彊。惠王用張儀之計，拔三川之地，西并巴蜀，北收上郡，南取漢中，包九夷，制鄢、郢，東據成皋之險，割膏腴之壤，遂散六國之從，使之西面事秦，功施到今。昭王得范雎，廢穰侯，逐華陽，彊公室，杜私門，蠶食諸侯，使秦成帝業。此四君者，皆以客之功。由此觀之，客何負於秦哉？向使四君卻客而不內，疏士而不用，是使國無富利之實，而秦無彊大之名也。

今陛下致昆山之玉，有隨和之寶，垂明月之珠，服太阿之劍，乘纖離之馬，建翠鳳之旗，樹靈鼉之鼓。此數寶者，秦不生一焉，而陛下說之何也？必秦國之所生然後可，則是夜光之璧，不飾朝廷；犀象之器，不爲玩好；鄭衛之女，不充後宮；而駿良駃騠，不實外廄；江南金錫不爲用；西蜀丹青不爲采。所以飾後宮，充下陳，娛心意，說耳目者，必出於秦然後可，則是宛珠之簪，傅璣之珥，阿縞之衣，錦繡之飾，不進於前；而隨俗雅化，佳冶窈窕，趙女不立於側也。夫擊甕叩缶，彈箏搏髀，而歌呼嗚嗚快耳者，真秦之聲也。鄭、衛、桑間、韶虞、武象者，異國之樂也。今棄擊甕叩缶而就鄭衛，退彈箏而取韶虞，若是者何也？快意當前，適觀而已矣！今取人則不然，不問可否，不論曲直，非秦者去，爲客者逐。然則是所重者在乎色樂珠玉，而所輕者在乎民人也！此非所以跨海內，制諸侯之術也！

臣聞地廣者粟多，國大者人衆，兵彊者則士勇。是以泰山不讓土壤，故能成其大；河海不擇細流，故能就其深；王者不卻衆庶，故能明其德。是以地無四方，民無異國，四時充美，鬼神降福。此五帝三王之所以無敵也。今乃棄黔首以資敵國，卻賓客以業諸侯，使天下之士，退而不敢西向，裹足不入秦，此所謂藉寇兵而齎盜糧者也。

夫物不產於秦，可寶者多；士不產於秦，而願忠者衆。今逐客以資敵國，損民以益讎，內自虛而外樹怨於諸侯，求國無危，不可得也。

結構分析表（參見陳滿銘《文章結構分析──以中學國文課文爲例》）

- 凡：「臣聞吏議逐客」二句
- 目
  - 偏（秦）
    - 古（士）
      - 實：「昔繆公……何負於秦哉」
      - 虛：「向使四君……之名也」
    - 今（物）
      - 反
        - 珠色玉
          - 實：「今陛下……何也」
          - 虛：「必秦國……於側也」
        - 樂：「夫擊甕……而已矣」
      - 正：「今取人……之術也」
  - 全
    - 反：「臣聞地廣……無敵也」
    - 正：「今乃棄……盜糧者也」
- 凡
  - 反：「夫物不產」四句
  - 正：「今逐客以資敵國」五句

說明

此文旨在闡明逐客的過失，以說服秦王罷逐客之令。其中出現三次正反對照的寫法，值

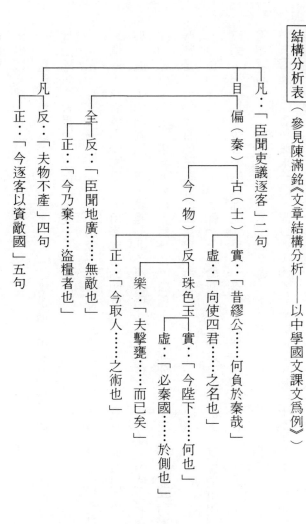

得注意的是，因爲正與反的判定須視主旨而定，因此在這篇文章中，說明逐客之失的是「正」，說明用客（物）之利的是「反」；這與我們通常將偏向正面意思的視爲「正」，偏向反面意思的視爲「反」，是不一樣的，需要仔細辨明（參見陳滿銘《文章結構分析——以中學國文課文爲例》）。

這篇文章是以「凡——目——凡」結構組織起來的。在第一個「凡」的部分，作者開門見山地將主旨提明，以領出下文。

在「目」的部分，作者分別從「偏」從「全」來闡明主旨。首先只單就秦國來說（偏），作者廣引秦國歷史上用客成功的四位君主加以敍述（實），並假設四君不用客的結果（虛），兩兩對照之下，孰是孰非不證自明。其次，作者從現今秦王所嗜之物著手，分別就「珠色玉」、「樂」來敍寫，而且在「珠色玉」的部分，也作成了「實虛」的對照；但這些都是「反」，目的是藉此凸顯出秦王逐客的不智（正）。

在「目二」的部分，作者就「全」的觀點，來論述普遍的情況，同樣的也用到了正反對照的手法，以一般合理的情況爲「反」，秦國不合理的舉措爲「正」，對比之下，作者的用意不言自明。

因此，作者在最末一段，先以「夫物不產於秦」二句和「士不產於秦」二句，分別呼應前面「今（物）」和「古（士）」一段，這是「反」；其次以「今逐客以資敵國」五句，呼應「全」當中的「正」。前面大片文字，只用此數語收盡，作者駕馭篇章的魄力之雄，可見一斑；而且其中正反法、虛實法疊見間出，過商侯即讚嘆道：「一反一覆，略加轉換，而意思愈明。」（見《古文評註全集》）其架構篇章的筆法之靈巧，又是一絕。

司馬遷〈鴻門之宴〉△

楚軍夜擊，坑秦卒二十餘萬人新安城南。行略定秦地，函谷關有兵守關，不得入；又聞沛公已破咸陽，項羽大怒，使當陽君等擊關。項羽遂入，至於戲西。沛公軍霸上，未得與項羽相見。沛公左司馬曹無傷使言於項羽曰：「沛公欲王關中，使子嬰爲相，珍寶盡有之。」項羽大怒，曰：「旦日饗士卒，爲擊破沛公軍！」當是時，項羽兵四十萬，在新豐鴻門；沛公兵十萬，在霸上。范增說項羽曰：「沛公居山東時，貪於財貨，好美姬；今入關，財物無所取，婦女無所幸，此其志不在小。吾令人望其氣，皆爲龍虎，成五采，此天子氣也，急擊勿失。」

楚左尹項伯者，項羽季父也，素善留侯張良。張良是時從沛公。項伯乃夜馳之沛公軍，私見張良，具告以事，欲呼張良與俱去曰：「毋從俱死也。」張良曰：「臣爲韓王送沛公，沛公今事有急，亡去不義，不可不語。」良乃入，具告沛公。沛公大驚，曰：「為之奈何？」張良曰：「誰為大王為此計者？」曰：「鯫生說我曰：『距關，毋內諸侯，秦地可盡王也。』故聽之。」良曰：「料大王士卒足以當項王乎？」沛公默然，曰：「固不如也，且為之奈何？」張良曰：「請往謂項伯，言沛公不敢背項王也。」沛公曰：「君安與項伯有故？」張良曰：「秦時與臣游，項伯殺人，臣活之。今事有急，故幸來告良。」沛公曰：「孰與君少長？」良曰：「長於臣。」沛公曰：「君為我呼入，吾得兄事之。」張良出，要項伯。項伯即入見沛公。沛公奉卮酒為壽，約為婚姻，曰：「吾入關，秋豪不敢有所近，籍吏民，封府庫，而待將軍。所以遣將守關者，備他盜之出入與非常也。日夜望將軍至，豈敢反乎！願伯具言臣之不敢倍德也。」項伯許諾。謂沛公曰：「旦日不可不蚤自來謝項王。」沛公曰：「諾。」於是項伯復夜去，至軍中，具以沛公言報項王。因言曰：沛公不先破關中，公豈敢入乎？今人有大功而擊之，不義也，不如因善遇之。」項王許諾。

沛公旦日從百餘騎來見項王，至鴻門，謝曰：「臣與將軍戮力而攻秦，將軍戰河北，臣戰河南，然不自意能先入關破秦，得復見將軍於此。今者有小人之言，令將軍與臣有隙。」項王曰：「此沛公左司馬曹無傷言之，不然，籍何以至此。」項王即日因留沛公與飲。項王、項伯東向坐；亞父南向坐——亞父者，范增也；沛公北向坐；張良西向侍。范增數目項王，舉所佩玉玦以示之者三，項王默然不應。范增起，出召項莊，謂曰：「君王爲人不忍，若入前爲壽，壽畢，請以劍舞，因擊沛公於坐，殺之。不者，若屬皆且爲所虜。」莊則入爲壽，壽畢，曰：「君王與沛公飲，軍中無以爲樂，請以劍舞。」項王曰：「諾。」項莊拔劍起舞，項伯亦拔劍起舞，常以身翼蔽沛公，莊不得擊。於是張良至軍門，見樊噲。樊噲曰：「今日之事何如？」良曰：「甚急。今者項莊拔劍舞，其意常在沛公也。」噲曰：「此迫矣，臣請入，與之同命。」噲即帶劍擁盾入軍門。交戟之衛士欲止不內，樊噲側其盾以撞，衛士仆地，噲遂入。披帷西向立，瞋目視項王，頭髮上指，目眥盡裂。項王按劍而跽曰：「客何爲者？」張良曰：「沛公之參乘樊噲者也。」項王曰：「壯士！賜之卮酒！」則與斗卮酒。噲拜謝，起，立而飲之。項王曰：「賜之彘肩！」則與一生彘肩。樊噲覆其盾於地，加彘肩上，拔劍切而啖之。項王曰：「壯士！能復飲乎？」樊噲曰：「臣死且不避，卮酒安足辭！夫秦王有虎狼之心，殺人如不能舉，刑人如恐不勝，天下皆叛之。懷王與諸將約曰：『先破秦入咸陽者王之。』今沛公先破秦入咸陽，豪毛不敢有所近，封閉宮室，還軍霸上，以待大王來。故遣將守關者，備他盜出入與非常也。勞苦而功高如此，未有封侯之賞；而聽細說，欲誅有功之人，此亡秦之續耳，竊爲大王不取也。」項王未有以應，曰：「坐。」樊噲從良坐。坐須臾，沛公起如廁，因招樊噲出。

沛公已出，項王使都尉陳平召沛公。沛公曰：「今者出，未辭也，爲之奈何？」樊噲曰：「大行不顧細謹，大禮不辭小讓。如今人方爲刀俎，我爲魚肉，何辭爲？」於是遂去。乃令張良留謝。良問曰：「大王來何操？」曰：「我持白璧一雙，欲獻項王；玉斗一雙，欲與亞父，會其怒，不敢獻。公爲我獻之。」張良曰：「謹諾。」當是時，項王軍在鴻門下，沛公軍在霸上，相去四十里。沛公則置車騎，脫身獨騎，與樊噲、夏侯嬰、靳强、紀信等四人持劍盾步走，從酈山下，道芷陽閒行。沛公謂張良曰：「從此道至吾軍，不過二十里耳，度我至軍中，公乃入。」沛公已去，閒至軍中，張良入謝，曰：「沛公不勝杯杓，不能辭。謹使臣良奉白璧一雙，再拜獻大王足下；玉斗一雙，再拜奉大將軍足下。」項王曰：「沛公安在？」良曰：「聞大王有意督過之，脫身獨去，已至軍矣。」項王則受璧，置之坐上。亞父受玉斗，置之地，拔劍撞而破之，曰：「唉！豎子不足與謀。奪項王天下者，必沛公也，吾屬今爲之虜矣。」沛公至軍，立誅殺曹無傷。

結構分析表

- 因
  - 宴前
    - 因：「楚軍夜擊……急擊勿失」
    - 果
      - 先（霸上）：「楚左尹項伯……項伯復夜去」
      - 後（鴻門）：「至軍中……項王許諾」
  - 宴中（鴻門）
    - 一（謝罪）：「沛公旦日……默然不應」
    - 二（舞劍）：「范增起……莊不得擊」
    - 三（樊噲）：「於是張良……從良坐」
  - 宴後（鴻門）
    - 先：「坐須臾……謹諾」
    - 插敘：「當是時……芷陽閒行」
    - 後：「沛公謂張良……閒至軍中」
- 果（同時分地）
  - 鴻門：「張良入謝……爲之虜矣」
  - 霸上：「沛公至軍」二句

説明

「鴻門之宴」儼然是項羽、劉邦二人帝王事業的分水嶺，這篇文章記載楚漢相爭大時代的一個重要場面，原本千絲萬縷、盤根錯節的種種關係，在精當的佈置下，都化爲精賅簡要的情節鋪陳，從容敍來，不急不迫，的是大家手筆。因此鍾惺評道：「謝羽鴻門是何等危事，部署詳妥，乃能履危爲安，其間機緣有湊，有少一人不得，省一步不得者，節次並置；有多一語不得，錯一著不得者，此是古今應變解紛一大關目，太史公寫一榜樣示人，當細看之。」（見韓兆琦編注《史記選注匯評》）

仔細加以分析，發現前面的絕大篇幅，都是依據時間的流逝來述寫，因此以鴻門宴爲中心，可以處理爲「宴前——宴中——宴後」三大部分。首部分「宴前」，先敍項羽、劉邦的衝突（因），所以才有劉邦欲親自謝罪，而項羽許諾之事（果）。

接著寫次日清晨，劉邦果然親至鴻門，范增示意項羽趁機誅殺劉邦，但項羽默然不應，這是鴻門宴中第一個高潮（一謝罪）。然後，范增另出一計，令項莊舞劍，但意在劉邦，可是項伯也拔劍起舞，常常以身體翼蔽劉邦，這是第二個高潮（二舞劍）。此時張良出召樊噲，樊噲盛氣辯說，項羽無以回應，這是第三個高潮（三樊噲）。所以整個鴻門之宴，就在這樣「危機——解除」、「危機——解除」的安排之下，造成張弛有節的氣勢。

隨後，沛公藉尿遁，遣張良留下辭謝，這是「宴後」的部分。

至於最末一節，之所以不將它處理爲「順敍」中的一部分，而是認爲前面有關鴻門之宴的敍述是「因」，此處是「果」，那是因爲要強調出鴻門之宴的影響力；而且我們可以看到，作者在此處採取「同時分地」的處理手法，即同一個時刻，在項羽那一方，是范增怒道：「奪項王天下者，必沛公也」，而劉邦那一方，是安然脫身，並且立刻誅殺告密的曹無傷。往後歷史盛衰消長的發展，已不脫這大致的軌跡；從這個角度來看待「鴻門之宴」，是更爲深刻的。

諸葛亮〈前出師表〉 △

臣亮言：先帝創業未半，而中道崩殂。今天下三分，益州疲弊，此誠危急存亡之秋也。然侍衞之臣，不懈於內；忠志之士，亡身於外者，蓋追先帝之殊遇，欲報之於陛下也。誠宜開張聖聽，以光先帝遺德，恢弘志士之氣；不宜妄自菲薄，引喻失義，以塞忠諫之路也。

宮中府中，俱爲一體，陟罰臧否，不宜異同。若有作姦犯科，及爲忠善者，宜付有司，論其刑賞，以昭陛下平明之理；不宜偏私，使內外異法也。

侍中、侍郎郭攸之、費禕、董允等，此皆良實，志慮忠純，是以先帝簡拔以遺陛下。愚以爲宮中之事，事無大小，悉以咨之，然後施行，必能裨補闕漏，有所廣益。將軍向寵，性行淑均，曉暢軍事，試用於昔日，先帝稱之曰「能」，是以衆議舉寵爲督。愚以爲營中之事，悉以咨之，必能使行陣和睦，優劣得所。親賢臣，遠小人，此先漢所以興隆也；親小人，遠賢臣，此後漢所以傾頹也。先帝在時，每與臣論此事，未嘗不嘆息痛恨於桓、靈也。侍中、尚書、長史、參軍，此悉貞亮死節之臣也，願陛下親之信之，則漢室之隆，可計日而待也。

臣本布衣，躬耕於南陽，苟全性命於亂世，不求聞達於諸侯。先帝不以臣卑鄙，猥自枉屈三顧臣於草廬之中，諮臣以當世之事，由是感激，遂許先帝以驅馳。後值傾覆，受任於敗軍之際，奉命於危難之間，爾來二十有一年矣！先帝知臣謹慎，故臨崩寄臣以大事也。受命以來，夙夜憂嘆，恐託付不效，以傷先帝之明。故五月渡瀘，深入不毛。今南方已定，兵甲已足，當獎率三軍，北定中原，庶竭駑鈍，攘除姦凶，興復漢室，還于舊都。此臣所以報先帝而忠陛下之職分也。至於斟酌損益，進盡忠言，則攸之、禕、允之任也。願陛下託臣以討賊興復之效；不效，則治之罪，以告先帝之靈。若無興德之言，則責攸之、禕、允等之慢，以彰其咎。陛下亦宜自課，以諮諏善道，察納雅言，深追先帝遺詔，臣不勝受恩感激。今當遠離，臨表涕泣，不知所云。

結構分析表

- 敬辭：「臣亮言」
- 目
  - 主（後主）
    - 凡
      - 因：「先帝創業……於陛下也」
      - 果：「誠宜……忠諫之路也」
    - 目
      - 一（司法）：「宮中府中……異法也」
      - 二（宮中）：「侍中……有所廣益」
      - 三（軍中）：「將軍向寵……優劣得所」
      - 插敘：「親賢臣……桓靈也」
      - 四（朝廷）：「侍中……而待也」
  - 賓
    - 自己
      - 先（躬耕）：「臣本布衣……諸侯」
      - 中（出仕）：「先帝……以驅馳」
      - 後（輔佐）
        - 凡：「後值傾覆」四句
        - 目
          - 因：「先帝……先帝之明」
          - 果：「故五月……之職分也」
        - 凡：「此臣所以報先帝」句
    - 羣臣：「至於斟酌損益」三句
- 凡
  - 賓
    - 自己：「願陛下託臣」四句
    - 羣臣：「若無興德之言」三句
  - 主（後主）：「陛下亦宜自課」四句
- 敬辭：「臣不勝受恩感激」四句

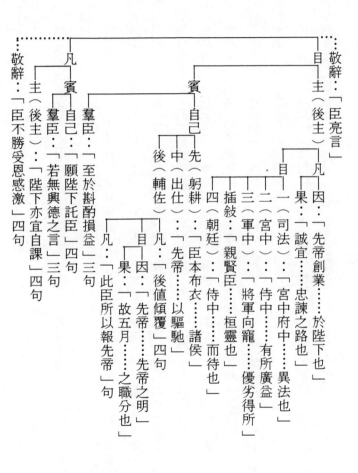

説明

諸葛亮〈前出師表〉是出師之前上給後主的奏文，老臣丹心，發之為文，句句彷彿從肺腑中流出。

作者架構全文的方式為「先目後凡」。「目」一分為三：後主、自己和羣臣，其中敍後主的部分佔了最多的篇幅，為「主」；敍自身的部分次之，為「賓」之一；敍羣臣的部分則數句而已，為「賓」之二。從字數的分配，就可約略窺見作者的用心所在：即對後主的懇切叮嚀為全文重心，其次是表明自己的耿耿孤忠，最後才附帶敍及羣臣。

在「目一：後主」這一大段篇幅中，又形成了一個「先凡後目」的結構。在「凡」的部分，先勸告後主宜「開張聖聽」；接著在「目」之中，用「插敍」的方式，提出了對後主的殷殷告誡：「親賢遠佞」，因此從「目一」到「目四」，都是從司法、宮中、軍中、朝廷等各個層面，來勸戒後主如何親賢遠佞。

而「目二：自己」這部份中，作者運用「順敍」的手法，將自己由布衣躬耕，到因為劉備三顧茅廬而出仕，以及臨危託孤、忠心報效的心路歷程，縷縷敍出，文不雕飾而自然感人。

至於「目三：羣臣」的部分，只用了短短三句，要求羣臣需進盡忠言。

最後統括的部分（凡），極有條理地一一呼應前面的三「目」，分別要求自己要討賊與復、羣臣要興德忠諫，並再一次地提醒後主要察納雅言，可以說是收得點滴不漏，而一片勤勤懇懇之意，躍然紙上。

因此最末數句「臨表涕泣、不知所云」，可說是墨水與淚水齊下，令人動容。無怪乎有人要衷心讚嘆：讀出師表而不哭者，其人必不忠了！

曹丕《典論・論文》△

文人相輕，自古而然。傅毅之於班固，伯仲之間耳；而固小之，與弟超書曰：「武仲以能屬文，爲蘭臺令史，下筆不能自休。」夫人善於自見，而文非一體，鮮能備善。是以史以所長，相輕所短。里語曰：「家有敝帚，享之千金。」斯不自見之患也。今之文人：魯國孔融文舉、廣陵陳琳孔璋、山陽王粲仲宣、北海徐幹偉長、陳留阮瑀元瑜、汝南應瑒德璉、東平劉楨公幹，斯七子者，於學無所遺，於辭無所假，咸自以騁驥騄於千里，仰齊足而並馳。以此相服，亦良難矣！蓋君子審己以度人，故能免於斯累，而作論文。

王粲長於辭賦，徐幹時有齊氣，然粲之匹也。如粲之初征、登樓、槐賦、下思，幹之玄猿、漏卮、圓扇、橘賦，雖張、蔡不過也。然於他文，未能稱是。琳、瑀之章表書記，今之雋也。應瑒和而不壯；劉楨壯而不密。孔融體氣高妙，有過人者；然不能持論，理不勝辭；以至乎雜以嘲戲，及其所善，揚、班儔也。

常人貴遠賤近，向聲背實，又患闇於自見，謂己爲賢。夫文本同而末異，蓋奏議宜雅，書論宜理，銘誄尚實，詩賦欲麗。此四科不同，故能之者偏也，惟通才能備其體。

文以氣爲主，氣之清濁有體，不可力强而致。譬諸音樂，曲度雖均，節奏同檢，至於引氣不齊，巧拙有素，雖在父兄，不能以移子弟。

蓋文章經國之大業，不朽之盛事。年壽有時而盡，榮樂止乎其身，二者必至之常期，未若文章之無窮。是以古之作者，寄身於翰墨，見意於篇籍，不假良史之辭，不託飛馳之勢，而聲名自傳於後。故西伯幽而演易，周旦顯而制禮；不以隱約而弗務，不以康樂而加思。夫然，則古人賤尺璧而重寸陰，懼乎時之過已。而人多不强力，貧賤則懾於飢寒，富貴則流於逸樂，遂營目前之務，而遺千載之功。日月逝於上，體貌衰於下，忽然與萬物遷化，斯志士之大痛也！融等已逝，惟幹著論，成一家言。

結構分析表

- 偏
  - 果
    - 果（文評論）
      - 因（審己度人）
        - 果
          - 反（昔）：「文人相輕……之患也」
          - 正（今）：「今之文人……良難矣」
        - 因：「蓋君子審己」三句
      - 果（評七子）：「王粲……揚班儔也」
    - 因（文體論）
      - 反：「常人貴遠賤近」四句
      - 正：「夫文本同……備其體」
  - 因（文氣論）
    - 喻體：「文以氣爲主」三句
    - 喻依：「譬諸音樂……移子弟」
- 全（價值論）
  - 凡：「蓋文章……無窮」
  - 目
    - 正（昔）：「是以古……之過已」
    - 反（今）：「而人多不……大痛也」
    - 正（徐幹）：「融等已逝」三句

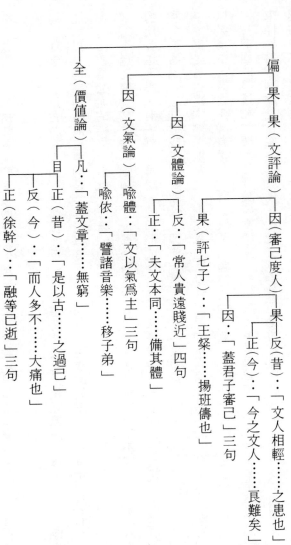

說明

〈論文〉一文所涉及的問題很廣泛，但細細尋繹，會發現思路嚴整渾成，其中自有脈絡可循。

作者首先以古時文人相輕的情況（反），和當時建安七子相互佩服之事（正），作一對比，以見得評論時最重要的是「審己以度人」；而且從這樣的觀點出發，再來評價七子，就會得出較爲公允的結果。這就是作者的「文評論」。

不過這種「文評論」能夠成立，那是因爲作者對於各種文體的要求不同，而且文人也各有所長這一點，有深刻的體認，此即形成作者的「文體論」。所以我們會發現：「文評論」和「文體論」之間形成了因果關係，即前者是「果」，後者是「因」。

但是若再追本溯源地探討，則文章之所以會出現「本同而末異」的情形，那是因爲「文以氣爲主，氣之清濁有體」。所以根源問題乃在「文氣」，這是作者的「文氣論」。

前面的論述雖然廣及文評論、文體論、文氣論，但是畢竟都只是各就文章學的一個切面來作探討，因此是「偏」；最後一段就文章的價值進行整體性的探究，使得文章獲得獨立卓越的地位（價值論），這才是「全」。

在「價值論」中，作者將文章的價值提升到前所未有的境界：「經國之大業，不朽之盛事」；並以古、今文人作正反的對照，以期勉大家掌握有限的年光，致力於文學成就的追求。

作者在〈論文〉一文中提出許多創新的、極具影響力的見解，而且能夠由果及因、由偏而全地作層次的論述，不管就理論的高度或技巧的高妙來說，這篇文章都是相當成功的。

王羲之〈蘭亭集序〉

永和九年，歲在癸丑，暮春之初，會於會稽山陰之蘭亭，修褉事也。羣賢畢至，少長咸集。此地有崇山峻嶺，茂林修竹，又有清流激湍，映帶左右，引以爲流觴曲水，列坐其次。雖無絲竹管絃之盛，一觴一詠，亦足以暢敘幽情。

是日也，天朗氣清，惠風和暢，仰觀宇宙之大，俯察品類之盛，所以游目騁懷，足以極視聽之娛，信可樂也。

夫人之相與，俯仰一世，或取諸懷抱，晤言一室之內，或因寄所託，放浪形骸之外。雖趣舍萬殊，靜躁不同，當其欣於所遇，暫得於己，快然自足，不知老之將至。及其所之既倦，情隨事遷，感慨係之矣。向之所欣，俯仰之間，已爲陳跡，猶不能不以爲興懷。況修短隨化，終期於盡。古人云：「死生亦大矣！」豈不痛哉！

每覽昔人興感之由，若合一契，未嘗不臨文嗟悼，不能喻之於懷。固知一死生爲虛誕，齊彭殤爲妄作，後之視今，亦猶今之視昔，悲夫！故列敘時人，錄其所述，雖世殊事異，所以興懷，其致一也。後之覽者，亦將有感於斯文。

結構分析表

- 敘
  - 點：「永和九年……修禊事也」
  - 染
    - 人：「羣賢畢至」二句
    - 地
      - 山：「此地有崇山峻嶺」二句
      - 水：「又有清流激湍」二句
    - 事
      - 一（修禊）：「引以爲流觴……暢敘幽情」
      - 二（游目）：「是日也……信可樂也」
- 情
  - 反
    - 反（樂）：「夫人之……老之將至」
    - 正（痛）：「及其所之……豈不痛哉」
  - 正
    - 因（臨文嗟悼）：「每覽昔人……悲夫」
    - 果（錄其所述）：「故列敘時人……有感於斯文」

說明

這篇序由事生情，正如過商侯所言：「蘭亭之會，樂事也，從樂處突發出無數感慨，無窮妙理。」（見《古文評注讀本》）因此全文結構可大別爲「先敍後情」。

在「敍」的部分，作者先「點」出蘭亭之會的時、地、事，下文接著從「人」、「地」、「事」（含「時」）三方面來「染」。值得注意的是在「游目」的部分，作者提出一個「樂」字，林雲銘說道：「『樂』字爲下文感慨痛悼等字伏脈，蘭亭會事自此寫畢，以下即借『俯仰』二字推出一步立論，見得良辰美景之樂不能長存，以起此生不可常保之意，轉入興懷正旨。」（見《古文析義》）

不過，在「情」的部分，作者並未立刻轉入興懷正旨，反而是先從反面寫起，而且在「反」之下還分出一個「先反後正」結構。也就是作者從樂事入手，帶出「欣」字、「快」字（反）；接著才藉著興盡一轉，指出「死生亦大矣，豈不痛哉」（正），林雲銘對此亦有評語：「篇中從可樂處說到可悲者，著眼在『生死』二字，有深意存焉。」（見《古文析義》）

可是，哀痛、虛妄之極適足以產生極大的反作用力，使得作者「覽昔人興感之由」，而「臨文嗟悼」，認爲「一死生、齊彭殤」是不近人情的（因）；於是作者「列敍時人，錄其所述」，並且期盼後之覽者「亦將有感於斯文」（果）。此時，我們方才明瞭作者由情入理，意欲化瞬間爲永恆的用心；林雲銘對此有深刻的認識：「不知晋尚清談，當時士大夫無不從風而靡，剽竊老莊唾餘，漠然無情，外其形骸，以仁義爲土梗，名教爲桎梏，遂至風俗頹敝，國步改移。右軍有心人也，雖欲力肆觝排，而狂瀾難挽，不得不於盛會之時，忽然以死生之痛，感慨傷懷……則砥柱中流，主持世教之意，尤爲大著。」（見《古文析義》）所以這篇文章，決不能只當普通遊覽之文泛泛讀過，其中的高情雅致，尤其令人心嚮神往。

陶淵明〈桃花源記〉

晉太元中武陵人，捕魚爲業，緣溪行，忘路之遠近。忽逢桃花林，夾岸數百步，中無雜樹，芳草鮮美，落英繽紛；漁人甚異之。復前行，欲窮其林。林盡水源，便得一山，山有小口，彷彿若有光。便舍船，從口入。

初極狹，才通人；復行數十步，豁然開朗。土地平曠，屋舍儼然。有良田、美池、桑、竹之屬，阡陌交通，雞犬相聞。其中往來種作，男女衣著，悉如外人；黃髮垂髫，並怡然自樂。見漁人，乃大驚，問所從來，具答之。便要還家，設酒、殺雞、作食。村中聞有此人，咸來問訊。自云：先世避秦時亂，率妻子邑人來此絕境，不復出焉，遂與外人間隔。問今是何世？乃不知有漢，無論魏、晉！此人一一爲具言所聞，皆嘆惋。餘人各復延至其家，皆出酒食。停數日，辭去。此中人語云：「不足爲外人道也。」

既出，得其船，便扶向路，處處誌之。及郡下，詣太守，說如此。太守即遣人隨其往，尋向所誌，遂迷不復得路。南陽劉子驥，高尚士也，聞之，欣然規往，未果，尋病終。後遂無問津者。

結構分析表

- 先：「晉太元中……從口入」
- （接榫）：「初極狹」二句
- 中
  - 景
    - 自然：「土地平曠……雞犬相聞」
    - 人文：「其中往來種作……怡然自樂」
  - 事
    - 先：「見漁人……皆出酒食」
    - 後：「停數日」四句
- 後
  - 因
    - 先：「既出……不復得路」
    - 後：「南陽劉子驥……尋病終」
  - 果：「後遂無問津者」

說明

這是一篇優美的散文，作者以從容質樸的筆觸，描繪出一個安樂純樸的世界，引人神往。

作者用小說的筆法來寫作，貫穿整個故事的人物是捕魚人，因此全文也就依據著捕魚人的經歷來鋪陳，所以自然而然地形成「順敍」的結構。這種結構是最符合事物本身發展的自然規律的，也是最單純、最容易爲讀者所瞭解的，與全文的情調非常調和，予人優雅的感受。

丘遲〈與陳伯之書〉

遲頓首，陳將軍足下：無恙，幸甚！幸甚！將軍勇冠三軍，才爲世出，棄燕雀之小志，慕鴻鵠以高翔。昔因機變化，遭遇明主，立功立事，開國稱孤，朱輪華轂，擁旄萬里，何其壯也！如何一旦爲奔亡之虜，聞鳴鏑而股戰，對穹廬以屈膝，又何劣邪！

尋君去就之際，非有他故。直以不能內審諸己，外受流言，沈迷猖獗，以至於此。聖朝赦罪責功，棄瑕錄用，推赤心於天下，安反側於萬物；此將軍之所知，不假僕一二談也。朱鮪涉血於友于，張繡剚刃於愛子；漢主不以爲疑，魏君待之若舊。況將軍無昔人之罪，而勳重於當世！夫迷途知反，往哲是與；不遠而復，先典攸高。主上屈法申恩，吞舟是漏。將軍松柏不翦，親戚安居，高臺未傾，愛妾尚在；悠悠爾心，亦何可言！

今功臣名將，雁行有序。佩紫懷黃，讚帷幄之謀；乘軺建節，奉疆埸之任。並刑馬作誓，傳之子孫。將軍獨靦顏借命，驅馳氈裘之長，寧不哀哉！

夫以慕容超之强，身送東市；姚泓之盛，面縛西都。故知霜露所均，不育異類；姬漢舊邦，無取雜種。北虜僭盜中原，多歷年所，惡積禍盈，理至燋爛。況僞孽昏狡，自相夷戮，部落攜離，酋豪猜貳。方當繫頸蠻邸，懸首藁街；而將軍魚游於沸鼎之中，燕巢於飛幕之上，不亦惑乎？

暮春三月，江南草長，雜花生樹，羣鶯亂飛。見故國之旗鼓，感生平於疇日；撫弦登陴，豈不愴悢？所以廉公之思趙將，吳子之泣西河，人之情也，將軍獨無情哉？想早勵良規，自求多福。

當今皇帝盛明，天下安樂；白環西獻，楛矢東來；夜郎滇池，解辮請職；朝鮮昌海，蹶角受化。唯北狄野心，倔强沙塞之間，欲延歲月之命耳。中軍臨川殿下，明德茂親，總茲戎重，弔民洛汭，伐罪秦中。若遂不改，方思僕言。聊布往懷，君其詳之！丘遲頓首。

結構分析表

- 敬辭：「遲頓首……幸甚」
- 目
  - 正（示之以恩）
    - 反
      - 果
        - 揚：「將軍勇冠……何其壯也」
        - 抑：「如何……又何劣邪」
      - 因：「尋君去就……以至於此」
    - 正
      - 赦罪：「聖朝赦罪……亦何可言」
      - 降恩：「今功臣名將……寧不哀哉」
  - 反（說之以理）
    - 因
      - 一（以史證）：「夫以慕容超……雜種」
      - 二（以理推）：「北虜……理至燋爛」
      - 三（當時情況）：「況偽孽……懸首藁街」
    - 果：「而將軍魚游於沸鼎之中」三句
  - 正（動之以情）
    - 實
      - 景：「暮春三月」四句
      - 事：「見故國之旗鼓」四句
    - 虛（情）：「所以廉公……自求多福」
  - 反（脅之以威）
    - 目
      - 皇帝：「當今皇帝……歲月之命耳」
      - 殿下：「中軍臨川……伐罪秦中」
    - 凡：「若遂不改」二句
- 凡：「聊布往懷」二句
- 敬辭：「丘遲頓首」

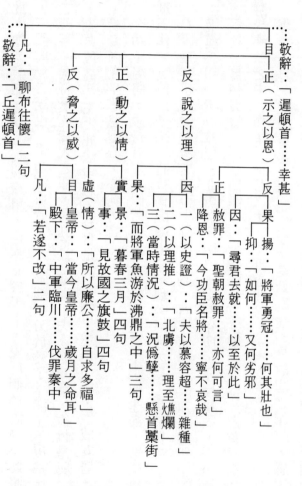

說明

這是一封成功的勸降書，發揮了很大的力量。到底作者是如何構思的呢？

首先，作者捉住了叛將的心理，知道其人心中最爲在意的，是反叛之罪如何消弭？因此開門見山地就將反叛之事提出，但是「高高舉起，輕輕放下」，認爲陳伯之只是因爲「不能內審諸己，外受流言」，才會如此。所以隨即引證史例以及當時的事實，向陳伯之表明朝廷赦罪、降恩之心。這是「示之以恩」。

但是只是一味勸說示好，只會使得對方更加狂傲。所以作者接著就從反面來向陳伯之分析，不管從歷史事實、普通道理、當時情況來看，北朝終歸覆亡；因此用設問的方式向陳伯之提出：「將軍魚游沸鼎之中，燕巢飛幕之上，不亦惑乎？」這是「說之以理」。

接著，作者又以極優美的筆觸描寫暮春三月的江南美景，對照陳伯之身處北地，因此激發陳伯之的思鄉之情。這是「動之以情」。

最後，作者鋪張揚厲地敍寫當今皇帝的聖明，以及將軍殿下的英明，並語帶威脅地說：「若遂不改，方思僕言」。這是「脅之以威」。

以上種種，作者以兩句作一個總括：「聊布往懷，君其詳之」。

整個看起來，作者在這封信中從正面、反面反覆立論，可說是恩威並濟，而且文勢也張弛有節，無怪乎悍將接信之後，會幡然來歸了。

肆、章法分析：

唐代篇

魏徵〈諫太宗十思疏〉△

臣聞求木之長者，必固其根本；欲流之遠者，必浚其泉源；思國之安者，必積其德義。源不深而望流之遠，根不固而求木之長，德不厚而思國之理，臣雖下愚，知其不可，而況於明哲乎？人君當神器之重，居域中之大，將崇極天之峻，永保無疆之休。不念居安思危，戒奢以儉，德不處其厚，情不勝其欲，斯亦伐根以求木茂，塞源而欲流長者也。

凡百元首，承天景命，莫不殷憂而道著，功成而德衰，有善始者實繁，能克終者蓋寡。豈其取之易而守之難乎？昔取之而有餘，今守之而不足，何也？夫在殷憂，必竭誠以待下；既得志，則縱情以傲物。竭誠則胡越爲一體，傲物則骨肉爲行路。雖董之以嚴刑，震之以威怒，終苟免而不懷仁，貌恭而不心服。怨不在大，可畏惟人，載舟覆舟，所宜深慎，奔車朽索，其可忽乎！

君人者，誠能見可欲，則思知足以自戒；將有作，則思知止以安人；念高危，則思謙沖而自牧；懼滿溢，則思江海下百川；樂盤遊，則思三驅以爲度；憂懈怠，則思慎始而敬終；慮壅蔽，則思虛心以納下；想讒邪，則思正身以黜惡；恩所加，則思無因喜以謬賞；罰所及，則思無因怒而濫刑。總此十思，弘茲九德。簡能而任之，擇善而從之；則智者盡其謀，勇者竭其力，仁者播其惠，信者效其忠。文武爭馳，君臣無事，可以盡豫遊之樂，可以養松喬之壽，鳴琴垂拱，不言而化；何必勞神苦思，代下司職，役聰明之耳目，虧無爲之大道哉？

結構分析表

- 泛
  - 內（修己）
    - 泛
      - 正：「臣聞……積其德義」
      - 反：「源不深……明哲乎」
    - 具
      - 正：「人君……無疆之休」
      - 反：「不念居安……流長者也」
  - 外（待人）
    - 果：「凡百元首……蓋寡」
    - 因
      - 問：「豈其取之……何也」
      - 答
        - 平提：「夫在殷憂……爲行路」
        - 側注：「雖董之……其可忽乎」
- 具
  - 因
    - 目：「君人者……而濫刑」
    - 凡：「總此十思」二句
  - 果
    - 正：「簡能而……不言而化」
    - 反：「何必勞神……大道哉」

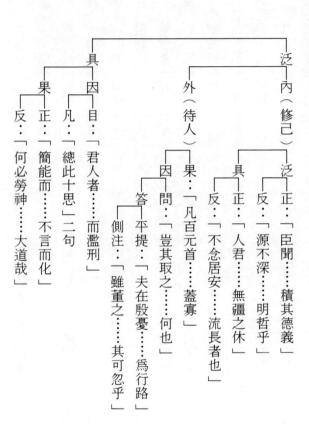

說明

這篇文章先泛論治國宜居安思危、積其德義，其次再具論具體的實行方法（即「十思」），語重心長，發人深省。

在「泛」的部分，作者從「修己」開始談起，先泛泛地談一般原則，然後才是落到人君身上，論述如何修養自己。接著，作者又談到如何「待人」，首先提出「殷憂而道著，功成而德衰」的一般結果，然後探討其原因；作者在此處用了「平提側注」法，先平提「竭誠」和「傲物」，然後側注到「傲物」上，以這樣的重點强調，來警惕人君。

接著是「具」的部分。作者先以十項行爲的準則來勸諫人君，分別是「思知足以自戒」、「思知止以安人」、「思謙沖而自牧」、「思江海下百川」、「思三驅以爲度」、「思愼始而敬終」、「思虛心以納下」、「思正身以黜惡」、「思無因喜以謬賞」、「思無因怒而濫刑」；其次敍述人君若能實踐此十思，則人臣盡忠，國家必然可以大治，何必「勞神苦思，代下司職」。整個說來，這一段落形成了「先因後果」的結構。

林雲銘曾針對此文評道：「以『思』字作骨，意謂人君敢於縱情傲物，不積德義，以致失人心者，皆坐未之思耳。思曰睿，睿作聖，故有『十思』之目，若約言之，總一『居安思危』而已。」（見《古文析義》）這段論述十分精闢，完全可以看得出來作者的思路，即泛論中的

「居安思危」，在具論中化爲具體的「十思」，反覆言之，更見得一片謀國的忠心。

王維〈山中與裴迪秀才書〉

近臘月下，景氣和暢，故山殊可過。足下方溫經，猥不敢相煩。輒便往山中，憩感配寺，與山僧飯訖而去。

北涉玄灞，清月映郭，夜登華子岡，輞水淪漣，與月上下；寒山遠火，明滅林外；深巷寒犬，吠聲如豹；村墟夜舂，復與疏鐘相間。此時獨坐，僮僕靜默，多思曩昔攜手賦詩，步仄逕，臨清流也。

當待春中，草木蔓發，春山可望，輕鯈出水，白鷗矯翼，露濕青皋，麥隴朝雊：斯之不遠，儻能從我遊乎？非子天機清妙者，豈能以此不急之務相邀？然是中有深趣矣。無忽！

因馱黃蘗人往，不一。山中人王維白。

結構分析表

- 實（敘事）
  - 現在
    - 先
      - 因：「近臘月下」三句
      - 果
        - 因：「足下方溫經」二句
        - 果：「輒便往山中」三句
    - 後
      - 景
        - 凡：「北涉玄灞」三句
        - 目
          - 視
            - 近：「輞水淪漣」二句
            - 遠：「寒山遠火」二句
          - 聽
            - 自然：「深巷寒犬」二句
            - 人文：「村墟夜舂」二句
      - 事
        - 點：「此時獨坐」二句
        - 染：「多思曩昔」三句
  - 未來
    - 凡：「當待春中」
    - 目
      - 視
        - 陸：「草木蔓發」二句
        - 水：「輕鯈出水」
        - 陸：「露濕青皋」
      - 聽：「麥隴朝雊」
- 虛（抒情）
  - 果：「斯之不遠」四句
  - 因：「然是中有深趣矣」二句
- 實（敘事）：「因馱黃蘗人往」二句
- ……敬辭：「山中人王維白」

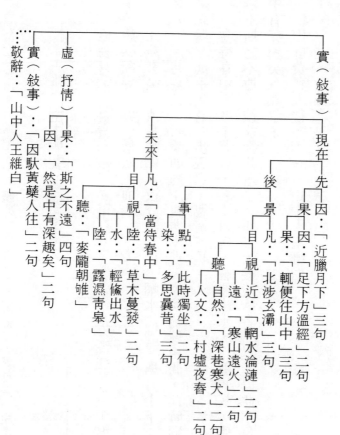

説明

這篇文章以「實（敍事）——虛（抒情）——實（敍事）」的方式構篇。在第一個「實（敍事）」的部分，又分成「現在」與「未來」兩種時間狀態。作者從現在寫起，先言不敢相煩，實則已隱含相邀之意；接著寫作者自己一人夜登華子岡，所見所聞的冬夜之景，皆蘊深趣（景），並因而懷想起過去同遊的時光，爲相邀再蓄勢（事）。

隨後作者的思緒馳向未來，分別從視覺、聽覺著眼，模擬出一幅深蘊意趣的盎然春景，林雲銘《古文析義》即說：「預想春中無限景致，以定其異日同往。」雖未明言相邀，但相邀之意已在不言之中。

在層層鋪墊之後，作者終於點出「深趣」二字，並且說明因爲裴迪「天機清妙」，方敢以此相邀。林雲銘《古文析義》即分析道：「初言不敢相煩，繼則相思，終復相訂，計此中深趣，惟蜀州可以領略。」作者用心，方曲曲吐出。

最末簡略交代一下託帶信件之事作結。

蘇軾嘗言王維「詩中有畫，畫中有詩」；此文中鋪寫眼前冬景和未來春景的部分，有聲有色，宛然一幅優美圖畫躍然眼前，可說是文章中最爲精采的部分，值得細細品味。

李白〈與韓荊州書〉

白聞天下談士相聚而言曰：「生不用封萬戶侯，但願一識韓荊州。」何令人之景慕，一至於此耶？豈不以有周公之風，躬吐握之事，使海內豪俊，奔走而歸之，一登龍門，則聲價十倍。所以龍蟠鳳逸之士，皆欲收名定價於君侯。願君侯不以富貴而驕之，寒賤而忽之，則三千賓中有毛遂，使白得脫穎而出，即其人焉。

白隴西布衣，流落楚漢。十五好劍術，遍干諸侯。三十成文章，歷抵卿相。雖長不滿七尺，而心雄萬夫。王公大臣，許與氣義。此疇曩心跡，安敢不盡於君侯哉？

君侯制作侔神明，德行動天地，筆參造化，學究天人。幸願開張心顏，不以長揖見拒。必若接之以高宴，縱之以清談，請日試萬言，倚馬可待。今天下以君侯爲文章之司命，人物之權衡，一經品題，便作佳士。而君侯何惜階前盈尺之地，不使白揚眉吐氣、激昂青雲耶？

昔王子師爲豫州，未下車，即辟荀慈明。既下車，又辟孔文舉。山濤作冀州，甄拔三十餘人，或爲侍中尚書，先代所美。而君侯亦一薦嚴協律，入爲祕書郎。中間崔宗之、房習祖、黎昕、許瑩之徒，或以才名見知，或以清白見賞。白每觀其銜恩撫躬，忠義奮發。白以此感激，知君侯推赤心於諸賢之腹中，所以不歸他人，而願委身於國士。儻急難有用，敢效微軀！且人非堯舜，誰能盡善？白謀猷籌畫，安敢自矜？至於制作，積成卷軸，則欲塵穢視聽。恐雕蟲小技，不合大人。若賜觀芻蕘，請給紙墨，兼之書人。然後退掃閒軒，繕寫呈上。庶青萍、結綠，長價於薛卞之門。幸推下流，大開獎飾，唯君侯圖之。

結構分析表

- 凡
  - 因（韓）
    - 因：「白聞……聲譽十倍」
    - 果：「所以龍蟠鳳逸之士」二句
  - 果（李）：「願君侯……即其人也」
- 目
  - 果（李）
    - 果：「白……許與氣義」
    - 因：「此疇曩心跡」二句
  - 因（韓）
    - 因：「君侯……倚馬可待」
    - 果：「今天下……激昂青雲耶」
- 凡
  - 目
    - 因（韓）
      - 賓：「昔王子師……先代所美」
      - 主：「而君侯……敢效微軀」
    - 果（李）
      - 抑：「且人非堯舜」二句
      - 揚：「白謨猷籌畫……薛卞之門」
  - 凡：「幸推下流」三句

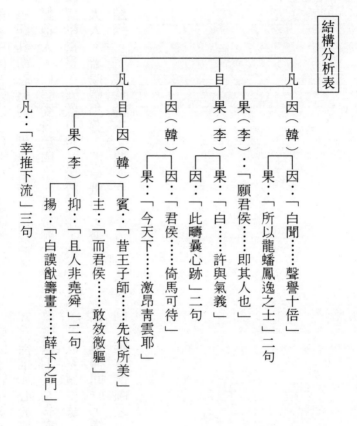

說明

此文乃是李白寫給韓朝宗的自薦書，因此在首段中，李白即眼明手快地擒住兩個重點來發揮：韓朝宗能賞愛人才（因），而李白自身又是有才之人，盼能得到賞識（果）。李白就以這樣的觀點領起全文，此爲「凡」。

接下來是條分細述的部分。李白先對自己作了一點介紹，文雖簡短，但頗有自許之意，因此蔡鑄評道：「自此敍平生所學及交遊意氣之盛，所見許王公者，今皆通知於荊州，正見其所以異於他士處。」（見《古文評註全集》）並以此回應首段的「果」，這是就「李白」言，是「目一」。然後，李白對韓朝宗極盡推崇，稱他爲「文章之司命，人物之權衡」，吳楚材說道：「此段正寫己願識荊州。」（見《古文觀止》）因此重心在「韓朝宗」身上，並以此回應首段之「因」，此爲「目二」。

最後是加以總收，也就是「凡」。首先收「韓朝宗」的部分，以王子師、山濤爲「賓」，來陪襯韓朝宗（主），吳楚材說道：「此段譽荊州有薦人之美，所以動其薦己之心。」（見《古文觀止》）。接著收「李白」的部分，先「抑」一筆以自謙，但隨後即說「庶青萍結綠，長價於薛卞之門」，又高高「揚」起。不過這兩個部分，仍是兩「目」，篇末以「幸推下流，大開獎飾，唯君侯圖之」三句，作最後的總括。

因此，這篇文章形成了「凡—目—凡」的結構，而且是以「韓朝宗」、「李白」兩軌從首貫到尾，此兩軌之間又形成「因果」關係；所以此文的結構既富變化，又統一得十分嚴整，可見作者的才氣。

李白〈春夜宴從弟桃花園序〉

△

夫天地者，萬物之逆旅。光陰者，百代之過客。而浮生若夢，爲歡幾何？古人秉燭夜遊，良有以也。況陽春召我以煙景，大塊假我以文章。會桃李之芳園，序天倫之樂事。羣季俊秀，皆爲惠連。吾人詠歌，獨慚康樂。幽賞未已，高談轉清。開瓊筵以坐花，飛羽觴而醉月。不有佳詠，何伸雅懷。如詩不成，罰依金谷酒數。

結構分析表

- 因
  - 一（夜）
    - 因
      - 染
        - 空：「夫天地者」二句
        - 時：「光陰者」二句
      - 點：「而浮生若夢」二句
    - 果：「古人秉燭夜遊」二句
  - 二（春）
    - 時：「況陽春召我以煙景」
    - 空：「大塊假我以文章」
- 果
  - 因
    - 凡：「會桃花之芳園」二句
    - 目
      - 天倫樂事：「羣季俊秀」六句
      - 桃花芳園：「開瓊筵以坐花」二句
  - 果：「不有佳詠」四句

說明

作者在一開始的四句中，就扣緊空間、時間，強調出人生苦短，因此要秉燭夜遊（點「夜」字）；接著的兩句也是從「時、空」著眼，鋪寫出眼前值得珍惜的美好春天（點

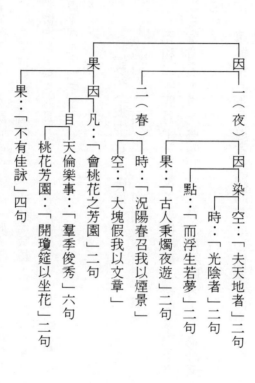

「春」字）。這部分是「因」，帶出其後的「果」，即「宴從弟桃花園」。「果」的部分又形成一個「先因後果」的結構。作者先敍寫與從弟宴於桃花園的情景，其中「開瓊筵以坐花，飛羽觴而醉月」二句，確是春夜宴桃花園，一字移易不得；接著寫因有如此雅宴，遂有詠詩罰酒助興的風雅之事，把「宴從弟桃花園」發揮得淋漓盡致。

吳楚材對此文這樣的評語：「發端數語，已見瀟灑風塵之外。而轉落層次，語無泛設，幽懷逸趣，辭短韻長。讀之增人許多情思。」（見《古文觀止》）如此曠達瀟灑、情蘊渾成，眞不愧是太白手筆。

韓愈〈張中丞傳後敍〉

元和二年四月十三日夜，愈與吳郡張籍閱家中舊書，得李翰所爲張巡傳；翰以文章自名，爲此傳頗詳密，然尚恨有闕者，不爲許遠立傳，又不載雷萬春事首尾。

遠雖材若不及巡者，開門納巡，位本在巡上，授之柄而處其下，無所疑忌，竟與巡俱守死成功名。城陷而虜，與巡死先後異耳，兩家子弟材智下，不能通知二父志，以爲巡死而遠就虜，疑畏死而辭服於賊；遠誠畏死，何苦守尺寸之地，食其所愛之肉，以與賊抗而不降乎！當其圍守時，外無蚍蜉蟻子之援，所欲忠者，國與主耳，而賊語以已國亡主滅，遠見救援不至，而賊來益衆，必以其言爲信，外無待而猶死守，人相食且盡，雖愚人亦能數日而知死處矣，遠之不畏死亦明矣；烏有城壞其徒俱死，獨蒙愧恥求活，雖至愚者不忍爲，嗚呼，而畏遠之賢而爲之邪！說者又謂遠與巡分城而守，城之陷自遠所分始，以此詬遠，此又與兒童之見無異；人之將死，其藏腑必有先受其病者，引繩而絕之，其絕必有處，觀者見其然，從而尤之，其亦不達於理矣！小人之好議論，不樂成人之美如是哉！如巡遠之所成就如此卓卓，猶不得免，其他則又何說！

當二公之初守也，寧能知人之卒不救，棄城而逆遁，苟此不能守，雖避之他處何益；及其無救而且窮也，將其創殘餓羸之餘，雖欲去，必不達；二公之賢，其講之精矣。守一城，捍天下，以千百就盡之卒，戰百萬日滋之師，蔽遮江淮，沮遏其勢，天下之不亡，其誰之功也？當是時，棄城而圖存者，不可一二數，擅彊兵坐而觀者相環也，不追議此，而責二公以死守，亦見其自比於逆亂，設淫辭而助之攻也。

愈嘗從事於汴徐二府，屢道於兩府閒，親祭於其所謂雙廟者！其老人往往說巡遠時事云：南霽雲之乞求於賀蘭也，賀蘭嫉巡遠之聲威功績出己上，不肯出師救，愛霽雲之勇且壯，不聽其語，彊留之。具食與樂，延霽雲坐，霽雲慷慨語曰：「雲來時，睢陽之人不食月餘日矣，雲雖欲獨食，義不忍！雖食，且不下咽！」因拔所佩刀斷一指，血淋漓以示賀蘭。一座大驚，皆感激爲雲泣下。雲知賀蘭終無爲雲出師意，即馳去；將出城，抽矢射佛寺浮圖，矢著其上甎半箭，曰：「吾歸破賊，必滅賀蘭，此矢所以志也！」愈貞元中過泗州，船上人猶指以相語。城陷，賊以刃脅降巡，巡不屈，即牽去，將斬之；又降霽雲，雲未應，巡呼雲曰：「南八！男兒死耳，不可爲不義屈！」雲笑曰：「欲將以有爲也，公有言，雲敢不死！」即不屈。

　　張籍曰：有于嵩者，少依於巡；及巡起事，嵩常在圍中。籍大曆中於和州烏江縣見嵩，嵩時年六十餘矣，以巡，初嘗得臨渙縣尉，好學無所不讀；籍時尚小，粗問巡遠事不能細也。云：巡長七尺餘，鬚髯若神。嘗見嵩讀漢書，謂嵩曰：「何爲久讀此？」嵩曰：「未熟也。」巡曰：「吾於書，讀不過三遍，終身不忘也。」因誦嵩所讀書，盡卷不錯一字。嵩驚，以爲巡偶熟此卷，因亂抽他帙以試，無不盡然。嵩又取架上諸書試以問巡，巡應口誦無疑。嵩從巡久，亦不見巡常讀書也。爲文章，操紙筆立書，未嘗起草。初守睢陽時，士卒僅萬人，城中居人（戶）亦且數萬，巡因一見問姓名，其後無不識者。巡怒，鬚髯輒張。及城陷，賊縛巡等數十人，坐；且將戮，巡起旋，其衆見巡起，或起或泣，巡曰：「汝勿怖！死，命也。」衆泣不能仰視。巡就戮時，顏色不亂，陽陽如平常。遠寬厚長者，貌如其心。與巡同年生，月日後於巡，呼巡爲兄。死時年四十九。嵩，貞元初死於亳宋閒；或傳嵩有田在亳宋閒，武人奪而有之，嵩將詣州訟理，爲所殺。嵩無子，張籍云。

結構分析表

- 因（闕）：「元和二年……事首尾」
- 果（補闕）
  - 論（許）
    - 立
      - 一（破畏死投降）
        - 破：「遠雖……先後異耳」
        - 立：「兩家……辭服于賊」
        - 破：「遠誠……爲之耶」
      - 二（破守城不力）
        - 立：「說者又謂」三句
        - 破：「以此……又何說」
    - 破
      - 目
        - 城內：「當二公……誰之功也」
        - 城外：「當是時……相環也」
      - 凡：「不追議此……助之攻也」
  - 敘
    - 南
      - 點：「愈嘗從事……時事云」
      - 染
        - 先：「南霽雲……所以志也」
        - 插敘：「愈貞元中過泗州」二句
        - 後：「城陷……即不屈」
    - 張、許
      - 因：「張籍曰……不能細也」
      - 果
        - 張
          - 外貌：「巡長七尺餘」二句
          - 强記：「嘗見……無不識者」
          - 赴義：「巡怒……陽陽如平常」
        - 許：「遠寬厚……年四十九」
      - 補敘：「嵩貞元……張籍云」

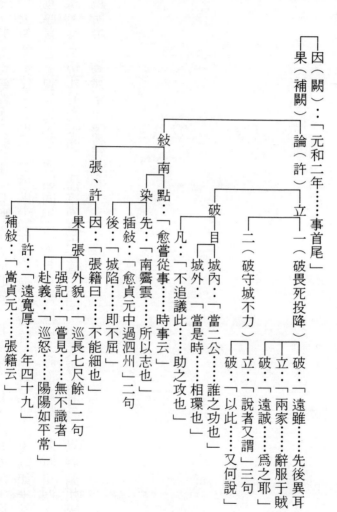

說明

此文的體例向來爲文論家所關注，譬如方苞即曰：「前三段乃議論，不得曰〈記張中丞逸事〉；後二段乃敍事，不得曰〈讀張中丞傳〉，故標以〈張中丞傳後敍〉。」（見胡楚生編著《韓文選析》）如果再詳細辨明，會發現首段不宜以「議論」來看待，因此全文的結構可先大別爲「先因（闕）後果（補闕）」，「果（補闕）」的部分再分爲「先論後敍」。

首段乃是交代撰寫此文的原因。不過，其中提到的「然尚恨有闕者，不爲許遠立傳，又不載雷萬春事首尾。」原本在後面應該都加以照應，但是正如錢基博云：「然『不載雷萬春事首尾』，未以敍事交代，而『不爲許遠立傳』，則以議論交代。」（見胡楚生編著《韓文選析》）這是本文特殊之處。

所以接著的兩段，都是以「議論」來交代許遠事蹟。其中的三個重點：「破畏死投降」、「破守城不力」、「破死守不智」，彼此之間又形成微妙的關係：即前兩個偏見非難被破解之後（即並未畏死投降、並非守城不力），那麼它本身就成爲「立」（即死守），因此接著的「當二公之初守也…助之攻也」一段，即「破死守不智」。瞭解這一點之後，作者的理路推演，就顯得十分清晰了。

因此，我們可以看到，在第一個重點：「破畏死投降」中，作者是以「破立破」的方式，來爲許遠辯誣；而第二個重點：「破守城不力」，則是以最爲常見的「先立後破」來進行；至於第三個重點：「破死守不智」中，並沒有在字面上出現「立」，作者就直接破解，而「破」的部分則是形成了「先目後凡」的結構。這兩大段的中心人物是許遠。

接下來，是「敍述」的部分，其中也有值得注意的地方，即錢基博所云：「敍事則不敢造作故事，而託之人口，一則曰『愈嘗從事於汴、徐二府，屢道於兩州間，親祭於其所謂雙廟者，其老人往往說巡、遠時事云』；再者曰『張籍曰』，信以傳信，語有來歷。」（見胡楚生編著《韓文選析》）所以敍事的兩段都是藉旁人之口而傳述。

作者先記述南霽雲，形成「先點後染」的結構。在「染」的部份中，先後敍寫兩件具有代表性的事件，並且在其中「橫插入『愈貞元中，過泗州，船上人猶指以相語。』融入見聞。」（錢基博語，見胡楚生編著《韓文選析》）；而且在第二件事中，「特點城陷『巡呼雲曰：南八男兒死耳』一筆，乃知霽雲特藉以烘托巡，加倍義烈。」（錢基博語，見胡楚生編著《韓文選析》）

然後以張籍之語領起最後一段，重心在於張巡，汪武曹說道：「因李翰不爲許公立傳，前半於許公獨詳，後半自當再爲張公詳敍。」（見胡楚生編著《韓文選析》）因此記述了張巡的外貌、强記、赴義；另外也提及許遠一筆。莊適、臧勵龢分析道：「〈張中丞傳後敍〉仿史公傳後論體，采遺事以補傳中不足，故篇中所敍如背誦漢書，記城中卒伍姓名等，皆傳後補遺體裁。」（見胡楚生編著《韓文選析》）最後補敍于嵩之死，則是表示事有所本，絕非揑造。

此文將議論敍事治爲一爐，筆法之精警生動與節烈事蹟相互輝映，可謂精采驚人，洵爲千古名文。

韓愈〈祭十二郎文〉

年月日，季父愈，聞汝喪之七日，乃能銜哀致誠，使建中遠具時羞之奠，告汝十二郎之靈：

嗚呼！吾少孤，及長，不省所怙，惟兄嫂是依。中年，兄歿南方，吾與汝俱幼，從嫂歸葬河陽，既又與汝就食江南，零丁孤苦，未嘗一日相離也。吾上有三兄，皆不幸早世。承先人後者，在孫惟汝，在子惟吾。兩世一身，形單影隻。嫂嘗撫汝指吾而言曰：「韓氏兩世，惟此而已！」汝時尤小，當不復記憶；吾時雖能記憶，亦未知其言之悲也。

吾年十九，始來京城。其後四年，而歸視汝。又四年，吾往河陽省墳墓，遇汝從嫂喪來葬。又二年，吾佐董丞相於汴州，汝來省吾；止一歲，請歸取其孥。

明年，丞相薨，吾去汴州，汝不果來。是年，吾佐戎徐州，使取汝者始行，吾又罷去，汝又不果來。吾念汝從於東，東亦客也，不可以久；圖久遠者，莫如西歸，將成家而致汝。嗚呼！孰謂汝遽去吾而歿乎？吾與汝俱少年，以爲雖暫相別，終當久相與處，故捨汝而旅食京師，以求斗斛之祿。誠知其如此，雖萬乘之公相，吾不以一日輟汝而就也。

去年，孟東野往，吾書與汝曰：「吾年未四十，而視茫茫，而髮蒼蒼，而齒牙動搖。念諸父與諸兄，皆康彊而早世，如吾之衰者，其能久存乎？吾不可去，汝不肯來，恐旦暮死，而汝抱無涯之戚也！」孰謂少者歿而長者存，彊者夭而病者全乎？嗚呼！其信然邪？其夢邪？其傳之非其真邪？信也，吾兄之盛德而夭其嗣乎？汝之純明而不克蒙其澤乎？小者彊者而夭歿，長者衰者而存全乎？未可以爲信也。夢也，傳之非其真也，東野之書，耿蘭之報，何爲而在吾側也？嗚呼！其信然矣！吾兄之盛德而夭其嗣矣！汝之純明宜業其家者，不克蒙其澤矣！所謂天者誠難測，而神者誠難明矣！所謂理者不可推，而壽者不可知矣！雖然，吾自今年來，蒼蒼者或化而爲白矣，動搖者或脫而落矣；毛血日益衰，志氣日益微，幾何不從汝而死也！死而有知，其幾何離；其無知，悲不幾時，而不悲者無窮期矣！汝之子始十歲，吾之子始五歲，少而彊者不可保，如此孩提者，又可冀其成立邪！嗚呼哀哉！嗚呼哀哉！

汝去年書云：「比得軟腳病，往往而劇。」吾曰：「是疾也，江南之人，常常有之。」未始以爲憂也。嗚呼！其竟以此而殞其生乎？抑別有疾而致斯乎？汝之書，六月十七日也。東野云：汝殁以六月二日。耿蘭之報無月日。蓋東野之使者，不知問家人以月日，如耿蘭之報，不知當言月日。東野與吾書，乃問使者，使者妄稱以應之耳。其然乎？其不然乎？

今吾使建中祭汝，弔汝之孤，與汝之乳母。彼有食，可守以待終喪，則待終喪而取以來；如不能守以終喪，則遂取以來。其餘奴婢，並令守汝喪。吾力能改葬，終葬汝於先人之兆，然後惟其所願。

嗚呼！汝病吾不知時，汝殁吾不知日；生不能相養以共居，殁不能撫汝以盡哀；斂不憑其棺，窆不臨其穴。吾行負神明，而使汝夭；不孝不慈，而不能與汝相養以生，相守以死。一在天之涯，一在地之角；生而影不與吾形相依，死而魂不與吾夢相接。吾實爲之，其又何尤！彼蒼者天，曷其有極！自今以往，吾其無意於人世矣！當求數頃之田，於伊潁之上，以待餘年，教吾子與汝子，幸其成；長吾女與汝女，待其嫁，如此而已！嗚呼！言有窮而情不可終，汝其知也邪？其不知也邪？嗚呼哀哉！尚饗！

結構分析表

- 敬辭：「年月日……十二郎之靈」
- 目
  - 因（生前）
    - 先（相依）：「嗚呼……言之悲也」
    - 後（相離）：「吾年十九……而就也」
  - 果（死時）
    - 實
      - 痛其早逝：「去年……嗚呼哀哉」
      - 不知死期：「汝去年書……其不然乎」
    - 虛（安排身後事）：「今吾使……惟其所願」
- 凡
  - 因：「嗚呼……曷其有極」
  - 果：「自今以往……其不知也耶」
- 敬辭：「嗚呼哀哉」二句

說明

此文爲情至之語，動人悽惻；作者情隨筆至，並未費力安排章法，但起落之間，自有一脈貫注。

前幅五大段落，形成的是「因果」關係。也就是說，作者與十二郎生前相依相離，情深義重卻不得常相左右（因），於是十二郎死時，作者既痛其早逝，又悔不知死因、不知年月，傷痛已極（果）。

所以，在「相依」、「相離」兩段，吳楚材評道：「一段，敍叔姪二人，關係韓氏甚重。」「自『吾年十九』以下，追憶其離合之不常，卒不可合而遽死。意只是平平，讀之自不覺酸楚。」（見《古文觀止》）「因」的部分情感愈濃，「果」的部份就更是哀痛不自禁。

所以在「痛其早逝」的一段，作者以一疑一信作波瀾，恍惚迷離；在「不知死期」一段，想見血淚俱下；此二段皆從「實」處寫。接著，作者寫如何處理其身後事，以慰死者之心，因爲是對未來的設想，因此是「虛」。

最後一段，總收前面五段。首先作者以「汝病吾不知時，汝歿吾不知日」等語，呼應前面的「果」，並以「生不能相養以共居」、「生而影不與吾形相依」等語，呼應前面的「因」；而且將哀痛之情更推深一層，以「言有窮而情不可終，汝其知也耶？其不知也耶？」作結，吳楚材評道：「總結。更復惝恍。」（見《古文觀止》）

林雲銘針對此文說道：「自首至尾，句句以自己插入伴講，始相依，繼相離，瑣瑣敍出。復以己衰當死，少而强者不當死，作一疑一信波瀾，然後以不知何病，不知何日，慨嘆一番。末歸罪於己，不當求祿遠離，而以教嫁子女作結，安死者之心，亦把自家子女平平敍入。總見自生至死，無不一體關情，悱惻無極，所以爲絕世奇文。」（見《古文析義》）作者以凡目法、因果法配合著，將這些內容組織成一篇動人的文章；所謂「言有物、言有序」，正是如此。

韓愈〈師說〉△

古之學者必有師。師者，所以傳道、受業、解惑也。人非生而知之者，孰能無惑？惑而不從師，其爲惑也終不解矣！生乎吾前，其聞道也，固先乎吾，吾從而師之；生乎吾後，其聞道也，亦先乎吾，吾從而師之。吾師道也，夫庸知其年之先後生於吾乎？是故無貴、無賤、無長、無少，道之所存，師之所存也。

嗟乎！師道之不傳也久矣！欲人之無惑也難矣！古之聖人，其出人也遠矣，猶且從師而問焉；今之衆人，其下聖人也亦遠矣，而恥學於師。是故，聖益聖，愚益愚，聖人之所以爲聖，愚人之所以爲愚，其皆出於此乎？

愛其子，擇師而教之，於其身也則恥師焉，惑矣！彼童子之師，授之書而習其句讀者也，非吾所謂傳其道、解其惑者也。句讀之不知，惑之不解，或師焉，或不焉，小學而大遺，吾未見其明也。

巫、醫、樂師、百工之人，不恥相師；士大夫之族，曰師、曰弟子云者，則羣聚而笑之，問之，則曰：「彼與彼年相若也，道相似也。位卑則足羞，官盛則近諛。」嗚呼！師道之不復可知矣！巫、醫、樂師、百工之人，君子不齒，今其智乃反不能及，其可怪也歟！

聖人無常師：孔子師郯子、萇弘、師襄、老聃。郯子之徒，其賢不及孔子。孔子曰：「三人行，則必有我師。」是故弟子不必不如師，師不必賢於弟子。聞道有先後，術業有專攻，如是而已。

李氏子蟠，年十七，好古文，六藝經傳，皆通習之。不拘於時，請學於余，余嘉其能行古道，作師說以貽之。

結構分析表（參見陳滿銘《文章結構分析——以中學國文課文爲例》）

- 論
  - 凡：「古之學者必有師」三句
  - 目
    - 解惑（反）：「人非生而知之者」四句
    - 傳道
      - 目
        - 傳道
          - 正：「生乎吾前……所存也」
          - 反：「嗟乎……出於此乎」
        - 受業（反）
          - 不明：「愛其子……其明也」
          - 不智：「巫醫……可怪也歟」
    - 受業
      - 凡
        - 因：「聖人……有我師」
        - 果：「是故……如是而已」
- 敘：「李氏子蟠……以貽之」

說明

此文主要在論述從師問學的重要，作者採用的是「先論後敘」的結構。

在「論」的部分，作者一開始即提出三軌：「傳道、受業、解惑」（凡），以下即分條闡述（目）。

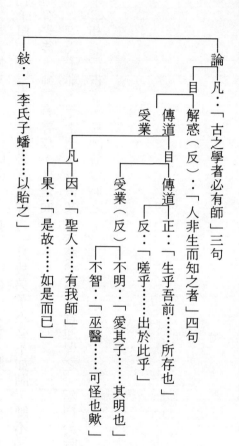

在分條闡述時，作者並未將篇幅均分成三等分，一一對應前面的三軌，而是依實際說明的需要來安排。因此作者先以「人非生而知之者」四句，來解釋何謂「解惑」；再用兩段的篇幅，以正反對照的方式，交代「傳道」；接著從反面著眼，以「不明」、「不智」兩個段落，來說明「受業」的重要；最後再以一段總收「傳道」和「受業」。值得注意的是，作者在此多從「反面」立論，大約是因爲痛陳時弊，有所針砭，所以自然而然地出現了這樣的情形。

篇末敍李蟠能從師，並述明作文的因由作結。

陳滿銘說道：「從這種結構的分析來看這篇文章，可知在韓愈的眼裡，教師的終極任務在於『解惑』，但要『解惑』，卻非植基於『傳道』、『受業』兩者不可。……可以說是用了五段的絕大篇幅來討論『傳道』與『受業』。……因此這篇文章，既說明了從師的重要性，更凸顯了『受業』以『傳道』、『傳道』以『解惑』的道理。這種道理，如不經由結構分析，是很容易忽略過去的。」（見《文章結構分析——以中學國文課文爲例》）所以配合著結構表來瞭解本文，才容易達到深層的鑑賞。

韓愈〈送董邵南序〉

燕趙古稱多感慨悲歌之士。董生舉進士，連不得志於有司，懷抱利器，鬱鬱適茲土，吾知其必有合也。董生勉乎哉！

夫以子之不遇時，苟慕義彊仁者，皆愛惜焉；矧燕趙之士，出乎其性者哉！然吾嘗聞：風俗與化移易。吾惡知其今不異於古所云邪？聊以吾子之行卜之也。董生勉乎哉！

吾因子有所感矣！爲我弔望諸君之墓，而觀於其市，復有昔時屠狗者乎？爲我謝曰：「明天子在上，可以出而仕矣。」

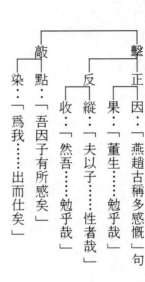

結構分析表

- 擊
  - 正
    - 因：「燕趙古稱多感慨」句
    - 果：「董生……勉乎哉」
  - 反
    - 縱：「夫以子……性者哉」
    - 收：「然吾……勉乎哉」
- 敲
  - 點：「吾因子有所感矣」
  - 染：「爲我……出而仕矣」

說明

此文爲贈序，董邵南欲往河北，作者以此文爲他送行。因爲是送行，所以首段說董邵南此行「必有合」，吳楚材評道：「此段勉董生行，是正寫。」（見《古文觀止》）不過次段隨即一轉，說道：「風俗與化移易」、「欲以吾子之行卜之也」，吳楚材亦有評語：「此段勉董生行，是反寫。」（見《古文觀止》）這樣一正一反互爲映照，俱寫「送董生」，是「擊」中重心。

最末一段筆鋒又一轉，著眼在燕趙之士上，藉董生之口勸燕趙之士來仕。吳楚材又說道：「送董生，卻勸燕趙之士來仕，則董生之不當往，已在言外。」（見《古文觀止》）所以此為旁「敲」一筆。

王文濡評價此文時，說道：「董生憤己不得志，將往河北，求用於諸藩鎮，故公作此送之。始言董生之往必有合，中言恐未必合，終諷諸鎮之歸順，及董生不必往。文僅百十餘字，而有無限開闔、無限變化、無限含蓄，短章聖手。」（見《古文觀止》）這篇文章中，旁「敲」正「擊」、「正」「反」相生，兩兩配合起來，曲盡吞吐之妙，難怪過商侯要贊嘆道：「唐文惟韓奇，此又為韓文中之奇。」（見《古文評註全集》）

白居易〈與元微之書〉

四月十日夜，樂天白：

微之，微之，不見足下面已三年矣；不得足下書欲二年矣。人生幾何？離闊如此！況以膠漆之心，置於胡越之身；進不得相合，退不能相忘，牽攣乖隔，各欲白首。微之，微之，如何！如何！天實為之，謂之奈何！

僕初到潯陽時，有熊孺登來，得足下前年病甚時一札，上報疾狀，次敘病心，終論平生交分。且云：「怨惙之際，不暇及他，惟收數帙文章，封題其上，曰：『他日送達白二十二郎，便請以代書。』」悲哉！微之於我也，其若是乎！又睹所寄聞僕左降詩，云：

「殘燈無焰影幢幢，此夕聞君謫九江。垂死病中驚坐起，闇風吹雨入寒窗。」

此句他人尚不可聞，況僕心哉！至今每吟，猶惻惻耳。且置是事，略敘近懷。

僕自到九江，已涉三載，形骸且健，方寸甚安。下至家人，幸皆無恙。長兄去夏自徐州至，又有諸院孤小弟妹六、七人，提挈同來。昔所牽念者，今悉置在目前，得同寒煖飢飽；此一泰也。

江州風候稍涼，地少瘴癘，乃至蛇虺蚊蚋，雖有甚稀。湓魚頗肥，江酒極美，其餘食物，多類北地。僕門內之口雖不少，司馬之俸雖不多，量入儉用，亦可自給，身衣口食，且免求人：此二泰也。

僕去年秋始遊廬山，到東、西二林間香鑪峯下，見雲水泉石，勝絕第一，愛不能捨，因置草堂。前有喬松十數株，修竹千餘竿；青蘿爲牆垣，白石爲橋道；流水周於舍下，飛泉落於簷間；紅榴白蓮，羅生池砌；大抵若是，不能殫記。每一獨往，動彌旬日，平生所好者，盡在其中，不惟忘歸，可以終老：此三泰也。

計足下久不得僕書，必加憂望；今故錄三泰，以先奉報。其餘事況，條寫如後云云。

微之，微之，作此書夜，正在草堂中，山窗下，信手把筆，隨意亂書，封題之時，不覺欲曙。舉頭但見山僧一、兩人，或坐或睡；又聞山猿谷鳥，哀鳴啾啾。平生故人，去我萬里。瞥然塵念，此際蹔生。餘習所牽，便成三韻云：「憶昔封書與君夜，金鑾殿後欲明天。今夜封書在何處？廬山庵裡曉燈前。籠鳥檻猿俱未死，人間相見是何年？」

微之，微之，此夕此心，君知之乎？

樂天頓首

結構分析表

- 敬辭：「四月十日夜」二句
- 敘
  - 今：「微之……謂之奈何」
  - 昔
    - 先：「僕初到潯陽……猶惻惻耳」
    - 接榫：「且置是事」二句
    - 後
      - 目
        - 一泰：「僕自到九江……此一泰也」
        - 二泰：「江州風候稍涼……此二泰也」
        - 三泰：「僕去年秋……此三泰也」
      - 凡：「計足下……條寫如後云云」
  - 今
    - 景：「微之……哀鳴啾啾」
    - 事：「平生故人……人間相見是何年」
- 情：「微之……君知之乎」
- 敬辭：「樂天頓首」

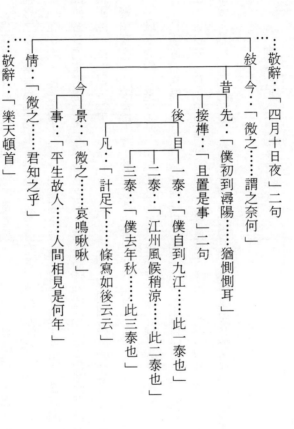

說明

白居易寫作此信時，與元稹同遭貶謫，天各一方，無法相見，因此既有流落之苦，又有相思之哀，兩者交融起來，使得這封書信充滿了濃郁的情感。

在文中，作者用了大部分的篇幅來敍事。首先從現在敍起，描寫兩人離闊之久；接著回溯到昔日初來潯陽時，元稹寄信之事，盈溢痛苦的情感；但是隨後筆鋒一轉，描寫自己身居潯陽的三件安樂之事，以慰知己。然後時間又拉回到寫信的當下，草堂山窗、天色微明，「瞥然塵念，此際暫生」，於是成詩一首，悲感無限。

最末的數句是抒情。此夕此心，也只有好友元稹能夠瞭解了。

作者在敍事時，一方面慨然陳述自身的傷痛，不能自已，一方面又書寫三泰，既寬慰知己，也自安自解；但思緒幾經轉折，畢竟無法釋懷，無可奈何之意，流貫篇中。最末抒情的部分，承接前面的敍事，藉著呼告格的力量，讓感傷思念的情懷自然流洩，引人低回。

柳宗元〈捕蛇者說〉

永州之野產異蛇，黑質而白章；觸草木，盡死；以齧人，無禦之者。然得而腊之以爲餌，可以已大風、攣踠、瘻、癘，去死肌，殺三蟲。其始，太醫以王命聚之，歲賦其二，募有能捕之者，當其租入。永之人爭奔走焉。

有蔣氏者，專其利三世矣。問之，則曰：「吾祖死於是，吾父死於是。今吾嗣爲之十二年，幾死者數矣。」言之，貌若甚戚者。

余悲之，且曰：「若毒之乎？余將告於蒞事者，更若役，復若賦，則何如？」

蔣氏大戚，汪然出涕曰：「君將哀而生之乎？則吾斯役之不幸，未若復吾賦不幸之甚也。嚮吾不爲斯役，則久已病矣。自吾氏三世居是鄉，積於今六十歲矣，而鄉鄰之生日蹙。殫其地之出，竭其廬之入，號呼而轉徙，餓渴而頓踣，觸風雨，犯寒暑，呼噓毒癘，往往而死者相藉也。曩與吾祖居者，今其室十無一焉；與吾父居者，今其室十無二三焉；與吾居十二年者，今其室十無四五焉；非死則徙爾，而吾以捕蛇獨存。悍吏之來吾鄉，叫囂乎東西，隳突乎南北，嘩然而駭者，雖雞狗不得寧焉。吾恂恂而起，視其罐，而吾蛇尚存，則弛然而臥。謹食之，時而獻焉。退而甘食其土之有，以盡吾齒。蓋一歲而犯死者二焉，其餘則熙熙而樂，豈若吾鄉鄰之旦旦有是哉！今雖死乎此，比吾鄉鄰之死則已後矣，又安敢毒耶？」

余聞而愈悲，孔子曰：「苛政猛於虎也。」吾嘗疑乎是，今以蔣氏觀之，猶信。嗚呼！孰知賦斂之毒，有甚是蛇者乎！故爲之説，以俟夫觀人風者得焉。

結構分析表

- 敍
  - 泛
    - 因：「永州之野……當其租入」
    - 果：「永之人爭奔走焉」
  - 具
    - 凡：「有蔣氏者」二句
    - 目
      - 淺：「問之……若甚戚者」
      - 深
        - 問：「余悲之……則何如」
        - 答
          - 果：「蔣氏大戚……則久已病矣」
          - 因：「自吾氏三世……旦旦有是哉」
          - 果：「今雖死乎此」三句
- 論
  - 泛：「余聞而愈悲」
  - 具：「孔子曰……觀人風者得焉」

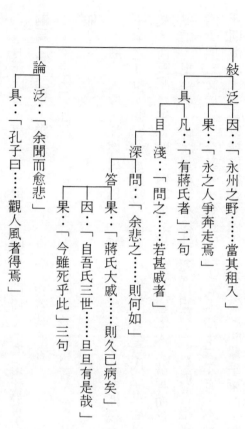

說明

這篇文章形成的是常見的「先敍後論」結構，儘管如此，所謂「戲法人人會變，各有巧妙不同」，在作者的精心經營下，絲毫不覺得有單調之處。

作者一起筆，先描寫永州之蛇毒性酷烈，但因爲可作藥用，所以可以抵作賦稅（因），也因此，「永之人爭奔走焉」（果）。不過，這樣的結果是耐人尋味的，所以其後作者再作更具體、詳細的描述。

在「具」的部分中，作者先提明一句：「有蔣氏者，專其利三世矣」（凡），其後的「目」都是以對答連接成文。首先，蔣氏述說捕蛇的危險，神色十分戚苦；但是這悲傷的程度比起下文所述，尚覺輕微，其目的只在襯托出更深重的悲哀，因此林雲銘注道：「寫出最苦之語，以起下文。」（見《古文析義》）。所以接著以「余悲之」轉入深層，重心在蔣氏的回答上，這一大段話形成的是「果因果」結構，「因」是將鄰居三世與自身三世作一比較，見得自身的幸運，「果」是賦斂之毒有甚於蛇。

所以作者「聞而愈悲」，不禁發出「苛政猛於虎」的感嘆（論）。朱宗洛說道：「作者意中先有『苛政猛於虎』句，因藉捕蛇立說，想出一『毒』字，爲通篇發論之根。或從捕蛇之毒，形出供賦之尤毒。或極言供賦之毒，見得捕蛇之毒尚不至是。至說道捕蛇雖毒，形以供賦之毒亦不敢以爲毒，則用意更深更慘。」（見胡楚生編著《柳文選析》）此文盤旋作勢，紆徐而出此意，深婉慘痛已極。

柳宗元〈永某氏之鼠〉

永有某氏者，畏日，拘忌異甚。以爲己生歲直子，鼠，子神也，因愛鼠，不畜貓犬，禁僮勿擊鼠。倉廩庖廚，悉以恣鼠不問。由是鼠相告，皆來某氏，飽食而無禍。某氏室無完器，椸無完衣，飲食大率鼠之餘也。晝累累與人兼行，夜則竊齧鬥暴，其聲萬狀，不可以寢，終不厭。

數歲，某氏徙居他州。後人來居，鼠爲態如故。其人曰：「是陰類惡物也，盜暴尤甚，且何以至是乎哉？」假五六貓，闔門，撤瓦灌穴，購僮羅捕之。殺鼠如丘，棄之隱處，臭數月乃已。

嗚呼！彼以其飽食無禍爲可恆也哉！

結構分析表

- 敘
  - 先
    - 因：「永有某氏者……恣鼠不問」
    - 果：「由是鼠相告……終不厭」
  - （接榫）：「數歲」二句
  - 後：「後人來居……臭數月乃已」
- 論：「嗚呼」二句

說明

柳宗元以寓言聞名，這篇「永某氏之鼠」寫得既生動又富深意。

作者先以絕大部分的篇幅敘述永州某戶人家的故事。先是因爲主人迷信而放縱老鼠，老鼠有恃無恐之下，爲所欲爲。接著以「數歲」二句作爲聯絡，寫這戶人家搬進新主人後，大舉撲殺老鼠，老鼠屍積如丘。最末只用了短短十餘字點出老鼠的愚昧，以議論作收。

林紓針對此文的寓意分析道：「『倉廩庖廚，悉以恣鼠不問』，名爲寵之，是預授之以殺身之機倪。『鼠相告皆來某氏』，則小人招其黨類，稱曰無禍，亦就小人眼中所見而言者，至『竊齧鬥暴，其聲萬狀』，則小人黨中之自鬨，因利而爭，勢所必至。迨『後人來居，鼠態如故』，曲繪小人之無識，禍至不知歛懼。假貓灌穴之事，遂了了在人意中。文用『彼以其飽食無禍爲可恆』句一束，『可恆』二字中，含無盡慨嘆。」（見胡楚生編著《柳文選析》）期望所謂「竊時以肆暴」者能知所戒懼，是作者的用意所在，也是寓言「言在此而意在彼」的一貫作法。

柳宗元〈始得西山宴遊記〉

自余爲僇人，居是州，恆惴慄；其隟也，則施施而行，漫漫而遊。日與其徒上高山，入深林，窮迴谿；幽泉怪石，無遠不到。到則披草而坐，傾壺而醉，醉則更相枕以臥，臥而夢。意有所極，夢亦同趣。覺而起，起而歸。以爲凡是州之山水有異態者，皆我有也，而未始知西山之怪特。

今年九月二十八日，因坐法華西亭，望西山，始指異之。遂命僕過湘江，緣染溪，斫榛莽，焚茅茷，窮山之高而止。攀援而登，箕踞而遨，則凡數州之土壤，皆在衽席之下。

其高下之勢，岈然洼然，若垤若穴，尺寸千里，攢蹙累積，莫得遯隱；縈青繚白，外與天際，四望如一。然後知是山之特出，不與培塿爲類，悠悠乎與灝氣俱，而莫得其涯；洋洋乎與造物者遊，而不知其所窮。引觴滿酌，頹然就醉，不知日之入。蒼然暮色，自遠而至，至無所見，而猶不欲歸。心凝形釋，與萬化冥合。然後知吾嚮之未始遊，遊於是乎始，故為之文以志。

是歲，元和四年也。

結構分析表

- 因
  - 反（未得）
    - 全：「自余爲僇人」三句
    - 偏
      - 事：「其隟也……起而歸」
      - 情：「以爲凡是州之山水」三句
  - （接榫）：「今年九月二十八日」四句
  - 正（始得）
    - 實
      - 先（事）：「遂命僕……箕踞而遨」
      - 中（景）
        - 凡：「則凡數州之土壤」二句
        - 目
          - 俯視：「其高下之勢」三句
          - 遠視
            - 俯瞰：「尺寸千里」三句
            - 平視：「縈青繚白」三句
        - 凡：「然後知……其所窮」
      - 後（事）：「引觴滿酌……猶不欲歸」
    - 虛（情）：「心凝形釋」二句
- 果：「然後知吾嚮之未始遊」二句
- ……補敘：「故爲之文以志」二句

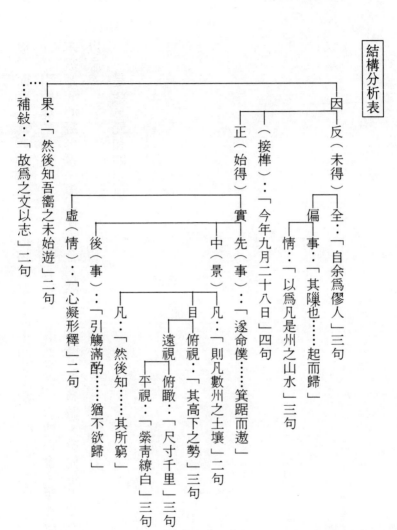

說明

林雲銘針對此文評道：「全在『始得』二字著筆。」（見《古文析義》）但要如何凸出「始得」二字呢？作者採用的是「正反」法，由「反」面跌出「正」面，印象更是鮮明。因此作者一開始是從反面寫起。先寫自己被貶謫的惴慄心情（全），再寫自己空閒時藉著漫遊山水而消憂（偏），並帶出「未始知西山之怪特」，爲「始得」預作鋪墊。

接著的四句是用作接榫，馬上過渡到西山上。先寫攀上西山的過程，接著寫在西山上眺望所見之景，然後敍寫在西山上飲宴的情形，將「西山宴遊」扣得極緊。因此作者遂有「心凝形釋，與萬化冥合」的體悟。

最後，作者以「然後知吾嚮之未始遊，遊於是乎始」，總收前面的「反（未得）」和「正（始得）」，「始得」之意完全透發而出。

篇末數語乃是補敍作記的年份，而且因爲篇中提及到月日，所以篇末的補敍可說是與正文呼應得十分緊密。

杜光庭〈虬髯客傳〉

隋煬帝之幸江都也，命司空楊素守西京。素驕貴，又以時亂，天下之權重望崇者，莫我若也，奢貴自奉，禮異人臣。每公卿入言，賓客上謁，未嘗不踞床而見，令美人捧出，侍婢羅列，頗僭於上，末年益甚。無復知所負荷、有扶危持顛之心。

一日，衞公李靖以布衣來謁，獻奇策，素亦踞見之。靖前揖曰：「天下方亂，英雄競起，公爲帝室重臣，須以收羅豪傑爲心，不宜踞見賓客。」素斂容而起，與語大悅，收其策而退。

當靖之騁辯也，一妓有殊色，執紅拂，立於前，獨目靖。靖既去，而執拂妓臨軒，指吏問曰：「去者處士第幾？住何處？」吏具以對，妓頷而去。

靖歸逆旅，其夜五更初，忽聞叩門而聲低者，靖起問焉。乃紫衣戴帽人，杖揭一囊。靖問：「誰？」曰：「妾楊家之紅拂妓也。」靖遽延入。脫衣去帽，乃十八九佳麗人也。素面華衣而拜。靖驚。答曰：「妾侍楊司空久，閱天下之人多矣，未有如公者。絲蘿非獨生，願託喬木，故來奔耳。」靖曰：「楊司空權重京師，如何？」曰：「彼屍居餘氣，不足畏也。諸妓知其無成，去者衆矣。彼亦不甚逐也。計之詳矣，幸無疑焉。」問其姓，曰：「張。」問伯仲之次，曰：「最長。」觀其肌膚、儀狀、言詞、氣性，真天人也。靖不自意獲之，愈喜懼，瞬息萬慮不安，而窺戶者足無停屨。既數日，聞追訪之聲，意亦非峻，乃雄服乘馬，排闥而去，將歸太原。

行次靈石旅舍，既設床，爐中烹肉且熟，張氏以髮長委地，立梳床前。靖方刷馬，忽有一人，中形，赤髯而虬，乘蹇驢而來，投革囊於爐前，取枕攲臥，看張氏梳頭。靖怒甚，未決，猶刷馬。張氏熟觀其面，一手握髮，一手映身搖示，令勿怒。急急梳頭畢，斂衽前問其姓。臥客答曰：「姓張。」對曰：「妾亦姓張，合是妹。」遽拜之。問：「第幾？」曰：「第三。」問：「妹第幾？」曰：「最長。」遂喜曰：「今日多幸，遇一妹。」張氏遙呼曰：「李郎且來拜三兄！」靖驟拜，遂環坐。曰：「煮者何肉？」曰：「羊肉，計已熟矣。」客曰：「飢甚！」靖出市胡餅。客抽匕首，切肉共食。食竟，餘肉亂切送驢前食之，甚速。客曰：「觀李郎之行，貧士也，何以致斯異人。」曰：「靖雖貧，亦有心者焉。他人見問，固不言，兄之問，則無隱耳。」具言其由。曰：「然則將何之？」曰：「將避地太原耳。」客曰：「然，吾故謂非君所能致也。」曰：「有下酒乎？」靖曰：「主人西則酒肆也。」靖取酒一斗，酒既巡，客曰：「吾有少下酒物，李郎能同之乎？」靖曰：「不敢。」於是開革囊，取一人頭並心肝，卻收頭囊中，以匕首切心肝共食之。曰：「此人天下負心者，銜之十年，今始獲，吾憾釋矣。」又曰：「觀李郎儀形器宇，真丈夫也。亦知太原有異人乎？」曰：「嘗見一人，愚謂之真人；其餘，將相而已。」曰：「何姓？」曰：「靖之同姓。」曰：「年幾？」曰：「近二十。」曰：「今何爲？」曰：「州將之愛子也。」曰：「似矣，亦須見之，李郎能致吾一見否？」曰：「靖之友劉文靜者與之狎，因文靜見之可也。兄欲何爲？」曰：「望氣者言太原有奇氣，使吾訪之。李郎明發，何日到太原？」靖計之，曰：「某日當到。」曰：「達之明日之方曙，候我於汾陽橋。」言訖，乘驢而去，其行若飛，回顧已遠。靖與張氏且驚懼，久之，曰：「烈士不欺人，固無畏。」促鞭而行。

及期，入太原候之，相見大喜，偕詣劉氏，詐謂文靜曰：「有善相者思見郎君，請迎之。」文靜素奇其人，一旦聞有客善相，遽致酒延焉。既而太宗至，不衫不履，裼裘而來，神氣揚揚，貌與常異。虬髯默居坐末，見之心死。飲數巡，起招靖曰：「真天子也！」靖以告劉，靖益喜，自負。既出，而虬髯曰：「吾得十八九矣，然須道兄見之。李郎宜與一妹復入京，某日午時，訪我於馬行東酒樓下，下有此驢及一瘦騾，即我與道兄俱在其上矣，到即登焉。」又別而去，公與張氏復應之。及期訪焉，即見二乘。攬衣登樓，虬髯與一道士方對飲，見靖驚喜，召坐環飲。十數巡，曰：「樓下櫃中有錢十萬，擇一深隱處，駐一妹畢，某日復會我於汾陽橋。」

如期至，道士與虬髯已先坐矣。俱謁文靜，時方弈棋，起揖而語。少焉，文靜飛書迎文皇看棋。道士對弈，虬髯與靖旁侍焉。俄而文皇來，精采驚人，長揖就坐，神清氣朗，滿坐風生，顧盼暐如也。道士一見慘然，斂棋子曰：「此局全輸矣！於此失卻局，奇哉！救無路矣！復奚言！」罷弈請去，既出，謂虬髯曰：「此世界非公世界也，他方可圖。勉之，勿以爲念！」因共入京。虬髯曰：「計李郎之程，某日方到。到之明日，可與一妹同詣某坊曲小宅相訪。李郎相從，一妹懸然如磬，欲令新婦祗謁，兼議從容，無前卻也。」言畢，吁嗟而去。

靖策馬遄征，即到京，遂與張氏同往，乃一小板門，叩之，有應者拜曰：「三郎令候李郎、一娘子久矣。」延入重門，門益壯麗，婢四十人羅列庭前，奴二十人引靖入東廳。廳之陳設，窮極珍異，箱中妝奩冠鏡首飾之盛，非人間之物。巾櫛妝飾畢，請更衣，衣又珍奇。既畢，傳云：「三郎來！」乃虬髯紗帽裼裘而來，有龍虎之姿，相見歡然。催其妻出拜，蓋亦天人也。遂延中堂，陳設盤筵之盛，雖王公家不侔也。四人對饌訖，陳女樂二十人，列奏於前。飲食妓樂，若從天降，非人間之曲度，食畢，行酒。家人自東堂舁出二十床，各以錦繡帕覆之，既陳，盡去其帕，乃文簿鎖匙耳。虬髯謂曰：「此盡是寶貨泉貝之數，吾之所有，悉以充贈。何者？某本欲於此世界求事，或當龍戰三二十載，建少功業。今既有主，住亦何爲？太原李氏真英主也。三五年內，即當太平。李郎以英特之才，輔清平之主，竭心盡善，必極人臣。一妹以天人之姿，蘊不世之藝，從夫而貴，榮極軒裳。非一妹不能識李郎，非李郎不能榮一妹。聖賢起陸之漸，際會如期。虎嘯風生，龍吟雲萃，固非偶然也。將余之贈，以佐真主，贊功業。勉之哉！此後十餘年，當東南數千里外有異事，是吾得志之秋也。一妹與李郎可瀝酒東南相賀。」因命家童列拜曰：「李郎、一妹，是汝主也。」言訖，與其妻從一奴戎裝乘馬而去；數步，遂不復見。

靖據其宅，遂爲豪家，得以助文皇締構之資，遂匡天下。

貞觀十年，靖位至左僕射平章事，適東南蠻入奏曰：「有海船千艘，甲兵十萬，入扶餘國，殺其主自立，國已定矣。」靖心知虬髯得事也，歸告張氏，具禮相賀，瀝酒東南祝拜之。乃知真人之興也，非英雄所冀，況非英雄者乎？人臣之謬思亂者，乃螳臂之拒走輪耳。我皇家垂福萬葉，豈虛然哉！或曰：「衛公之兵法，半是虬髯所傳也。」

結構分析表

- 敘
  - 因
    - 目
      - 一（愛情）
        - 先
          - 因：「隋煬帝之幸江都也……妓領而去」
          - 果：「靖歸逆旅……將歸太原」
        - 後
          - 因：「行次靈石……令勿怒」
          - 果：「急急梳頭……促鞭而行」
      - 二（功業）
        - 先：「及期……復應之」
        - 中：「及期訪焉……汾陽橋」
        - 後：「如期至……吁嗟而去」
    - 凡（成人之美）
      - 因：「靖策馬遄征……是汝主也」
      - 果：「言訖……遂不復見」
  - 果
    - 先（李靖）：「公據其宅……遂匡天下」
    - 後（虬髯客）：「貞觀十年……瀝酒東南祝拜之」
- 論：「乃知眞人之興也……豈虛然哉」
  - ……補敘：「或曰……半乃虬髯所傳耳」

說明

〈虬髯客傳〉是一俠義小說，整個故事輝耀著奇麗的光彩，相當引人入勝。

這個故事的主人翁當然是虬髯客，不過李靖和紅拂女也占了重要的地位；可是此風塵三俠互動所譜出的故事，最終的目的卻是證明李世民乃一天縱英主，更因此而確立唐王室不可移易的地位。所以作者的書寫策略是這樣的：藉著敘寫風塵三俠的故事，來烘托出虬髯客高尚的人格與高超的武功；但這樣一位大英雄，面對李世民時，只能「見之心死」，那麼李世民「精采驚人」，確爲一「眞英主」，也就不言可喻了。就是因爲這樣，所以將虬髯客這個角色刻畫得越光輝，那麼作者的目的就越能達成；從這一角度來看，〈虬髯客〉這篇小說是做得很成功的。

在結構表中，我們可以看到：作者分別從「愛情」和「功業」兩方面來敘寫虬髯客的困境（目）。在情場上，他碰到了可敬的對手——李靖，成了尷尬的第三者；在戰場上，面對如此多嬌的江山，又見到李世民，發現「此世界非公世界」。此時，他該怎麼想？怎麼作呢？結果，他將己之所有傾囊相助，送給了李靖和紅拂女，也等於間接幫助了李世民；也就是說，他的選擇是「成人之美」（凡）。這一大段的篇幅所敘寫的是「因」，其後僅用了八十餘字，分別敍述李靖助李世民得天下，以及虬髯客遠赴異域、建功立國之事（果）。

因此「論」的部分，就順理成章地說：「乃知眞人之興也，非英雄所冀，況非英雄者乎？」作者眞正的企圖在此展現。而「補敘」一筆，則爲虬髯客的品格、才能更添光彩，當然也更加强了主旨的說服力。

作者著力地從「成人之美」這一點，來刻畫出虬髯客的偉大。羅龍治便說道：「他有最心愛的女子在這世上，他有最尊重的朋友在這世上，他有最强的敵手在這世上，這三個條件，其中只要有一個存在，就値得虬髯留下了。可是虬髯居然通通拒絕，拿起自己的腳來走了。這種捨棄的決心，紅拂怎麼也弄不懂。」（見部編本《教師手册》第六册）誠然，「捨棄」是很難的，但虬髯客的所爲比捨棄又更高了一層，他可以做到「成全」；在這「成人之美」的高貴舉動中，包含了愛與智慧，因此而閃爍的人格光彩，在掩卷之後，依然令讀者難以忘懷。

伍、章法分析‥

宋代篇

王禹偁〈黃岡竹樓記〉

黃岡之地多竹，大者如椽，竹工破之，刳去其節，用代陶瓦，比屋皆然，以其價廉而工省也。

子城西北隅，雉堞圮毀，蓁莽荒穢，因而作小樓二間，與月波樓通，遠吞山光，平挹江瀨，幽闃遼夐，不可具狀。夏宜急雨，有瀑布聲；冬宜密雪，有碎玉聲。宜鼓琴，琴調和暢；宜詠詩，詩韻清絕；宜圍棋，子聲丁丁然；宜投壺，矢聲錚錚然，皆竹樓之所助也。

公退之暇，披鶴氅衣，戴華陽巾，手執周易一卷，焚香默坐，消遣世慮。江山之外，第見風帆沙鳥，煙雲竹樹而已。持其酒力醒，茶煙歇，送夕陽，迎素月，亦謫居之勝槪也。

彼齊雲、落星，高則高矣；井幹、麗譙，華則華矣，正於貯妓女，藏歌舞，非騷人之事，吾所不取。

吾聞竹工云：「竹之爲瓦，僅十稔；若重覆之，得二十稔。」噫！吾以至道乙未歲，自翰林出滁上；丙申，移廣陵；丁酉，又入西掖；戊戌歲除日，有齊安之命，己亥閏三月到郡。四年之間，奔走不暇，未知明年又在何處，豈懼竹樓之易朽乎？後之人與我同志，嗣而葺之，庶斯樓之不朽也。咸平二年八月十五日記。

結構分析表

- 敘
  - 正
    - 點
      - 因：「黃岡之地……工省也」
      - 果：「子城西北……月波樓通」
    - 染
      - 景
        - 視：「遠吞山光」四句
        - 聽：「夏宜急雨……所助也」
      - 事
        - 先：「公退之暇……竹樹而已」
        - 後：「待其酒力……勝概也」
  - 反：「彼齊雲……吾所不取」
- 情
  - 反（朽）：「吾聞竹工……易朽乎」
  - 正（不朽）：「幸後之人與我同志」三句
- 補敘：「咸平二年八月十五日記」

說明

此文題爲「黃岡竹樓記」，因此一開篇，作者自然就從竹樓開始寫起。首先「點」竹樓，因此「黃岡之地……工省也」一段，是「從竹說起」（見《古文觀止》）；接著「子城西北……月波樓通」一段，是「次說因竹作樓」（見《古文觀止》）。兩者形成「先因後果」的關係。

其後再就竹樓而「染」之。「遠吞山光」四句，是「總寫樓外所見之景，在山川上言。」（見《古文析義》）；接著「夏宜急雨……所助也」一段，是「寫樓中所宜，俱在聲音上取……上二宜就天時上言，下四宜就人事上言。」（見《古文析義》）以上爲寫景，其後轉入敍事。作者以「順敍」的方式，帶出「謫居之勝概」，令人悠然神往。因此吳楚材總結「景」、「事」二段時，說道：「上寫竹樓之景，令讀者心開目朗。此寫登樓之勝，則遙情獨往，翩翩欲仙矣。」（見《古文觀止》）

此時，作者再取其它四樓作爲對照，相形之下，更見得竹樓韻致高雅，因此吳楚材評道：「又借四樓反照竹樓，以我幽冷，傲彼繁華。襟懷何等灑落。」（見《古文觀止》）

行文到此，筆調一轉，又回到竹樓上發議，因此林雲銘說道：「以竹瓦起，以竹瓦結。」（見《古文析義》）作者先細數數年漂泊，頗有蒼涼之意，遂說道：「豈懼竹樓之易朽乎？」但這只是從反面而發的有激之言，眞正的意旨在最後才凸現出來：「後之人與我同志，嗣而葺之，庶斯樓之不朽也」，言下之意，絕非有悔，甚且更勉勵後人，以「不朽」自期；因此吳楚材不禁嘆道：「以修葺望之後人，極繫戀，又極曠達。」（見《古文觀止》）

篇末補敍作記年日。

附帶提及的是，此文敍竹樓之景一段，從「視」、「聽」分寫，文筆清麗；而且我們還可以知道：在所有的感官知覺中，視覺和聽覺一方面獲得的訊息量最多，再方面與「美」的關係最大，因此又稱作「美的感覺」或「高等感覺」，所以自然而然地，文學作品中從「視、聽」著眼來敍寫也是最多的。〈黃岡竹樓記〉剛好也體現了這個道理。

△歐陽修〈醉翁亭記〉

環滁皆山也。其西南諸峯，林壑尤美。望之蔚然而深秀者，琅邪也。山行六七里，漸聞水聲潺潺；而瀉出於兩峯之間者，釀泉也。峯回路轉，有亭翼然臨於泉上者，醉翁亭也。作亭者誰？山之僧智僊也。名之者誰？太守自謂也。太守與客來飲於此，飲少輒醉，而年又最高，故自號曰醉翁也。醉翁之意不在酒，在乎山水之間也。山水之樂，得之心而寓之酒也。

若夫日出而林霏開，雲歸而巖穴暝，晦明變化者，山間之朝暮也。野芳發而幽香，佳木秀而繁陰，風霜高潔，水落而石出者，山間之四時也。朝而往，暮而歸，四時之景不同，而樂亦無窮也。

至於負者歌於塗，行者休於樹，前者呼，後者應，傴僂提攜，往來而不絕者，滁人遊也。臨谿而漁，谿深而魚肥；釀泉爲酒，泉香而酒洌；山肴野蔌，雜然而前陳者，太守宴也。宴酣之樂，非絲非竹，射者中，弈者勝，觥籌交錯，起坐而諠譁者，衆賓懽也。蒼顏白髮，頹然乎其間者，太守醉也。

已而夕陽在山，人影散亂，太守歸而賓客從也。樹林陰翳，鳴聲上下，遊人去而禽鳥樂也。然而禽鳥知山林之樂，而不知人之樂；人知從太守遊而樂，而不知太守之樂其樂也。醉能同其樂，醒能述以文者，太守也。太守謂誰？廬陵歐陽修也。

結構分析表（參考陳滿銘《文章結構分析——以中學國文課文爲例》）

- 空
  - 目
    - 大（底）：「環滁……釀泉也」
    - 小（圖）
      - 亭：「峯回……醉翁亭也」
      - 人：「作亭……醉翁也」
  - 凡：「醉翁……寓之酒也」
- 時
  - 久（底）：「若夫日出……亦無窮也」
  - 暫（圖）
    - 目
      - 先（宴飲之樂）：「至於……太守醉也」
      - 後（禽鳥之樂）：「已而……禽鳥樂也」
    - 凡：「然而禽鳥」四句
- 補敘
  - 敘作記：「醉能同其樂」三句
  - 敘作者：「太守謂誰」二句

說明

此文先從空間著眼，次從時間著墨，以一個「樂」字爲中心，將山、泉、亭、遊人、禽鳥、醉翁……通通納入文中，逐字讀來，彷彿一個和樂優美的世界漸次呈現在眼前，令人油

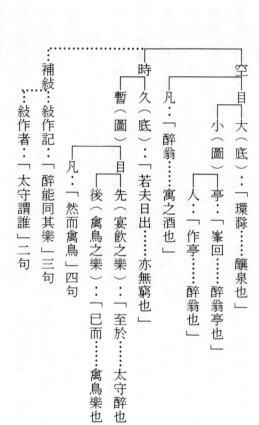

然而生企慕之心。

文章首句：「環滁皆山也」，就先呈現出一個大空間，其後層層縮小，逐步凝縮在亭上、人上，所以此時的大空間是「底」，目的在凸出其後的最小空間，此方爲「圖」；過商侯即說道：「從滁出山，從山出泉，從泉出亭，從亭出人，從人出名，一層一層復一層，如累疊階級，逐級上去，筋脈相生妙矣。」（見《古文評註全集》）最後用「醉翁之意不在酒」四句作一收束，並點出「樂」字，蔡鑄說道：「自起手至此敍亭得名之由。」（見《古文評註全集》）

接著，作者拏定時間的「久」與「暫」，來具體描繪醉翁亭的種種樂事。在「久」時間中，作者從朝暮寫、從四時寫，再出一「樂」字。其次大致上依照著時間的流逝，寫一天遊玩的樂事，所以是「暫」；因此篇中寫「宴飲之樂」，其中從者之多、菜餚之盛、同樂之歡，均洋溢著一片歡快的氣氛，而且又點「樂」字，最後更是翻新出奇，寫出「禽鳥之樂」，「樂」字第四次出現，並且順勢帶出其後的同樂之意，因此吳楚材評道：「忽又添出禽鳥之樂來，下便借勢一路捲轉去，設想甚奇。」（見《古文觀止》）接著作者便以「然而禽鳥知山林之樂」四句，總括起一天中的種種樂事，並且提昇其境界，歸結到與民同樂上，所以林雲銘說道：「末段復以『樂其樂』三字見意，則樂民之樂，至情藹然。」（見《古文析義》）所以能產生這麼好的效果，前面的久時間作爲「底」，來烘托後面作爲「圖」的暫時間，是功不可沒的。

最末數句，則是補敍作記因由及作者姓名。

全文扣緊空間、時間，而且空間由大而小，時間由久而暫，逐步凝聚出一個小宇宙來；這個小宇宙體現出作者的文人情懷，雅致天成，渾然一片雍熙氣象，此番況味，引人留戀。

△歐陽修〈縱囚論〉

信義行於君子，而刑戮施於小人。刑入於死者，乃罪大惡極，此又小人之尤甚者也。寧以義死，不苟幸生，而視死如歸，此又君子之尤難者也。

方唐太宗之六年，錄大辟囚三百餘人，縱使還家，約其自歸以就死；是以君子之難能，期小人之尤者以必能也。其囚及期，而卒自歸，無後者；是君子之所難，而小人之所易也。此豈近於人情？

或曰：「罪大惡極，誠小人矣。及施恩德以臨之，可使變而爲君子；蓋恩德入人之深，而移人之速，有如是者矣。」曰：「太宗之爲此，所以求此名也。然安知夫縱之去也，不意其必來冀免，所以縱之乎？又安知夫被縱而去也，不意其自歸而必獲免，所以復來乎？夫意其必來而縱之，是上賊下之情也；意其必免而復求，是下賊上之心也。吾見上下交相賊，以成此名也，烏有所謂施恩德，與夫知信義者哉？不然，太宗施德於天下，於茲六年矣，不能使小人不爲極惡大罪；而一日之恩，能使視死如歸，而存信義；此又不通之論也。」

「然則，何爲而可？」曰：「縱而來歸，殺之無赦；而又縱之，而又來，則可知爲恩德之致爾。」然此必無之事也。若夫縱而來歸而赦之，可偶一爲之爾。若屢爲之，則殺人者皆不死，是可爲天下之常法乎？不可爲常者，其聖人之法乎？是以堯舜三王之治，必本於人情；不立異以爲高，不逆情以干譽。

結構分析表

- 破
  - 因
    - 論點：「信義……尤難者也」
    - 論據：「方唐太宗……所易也」
  - 果：「此豈近於人情哉」
- 立：「或曰……如是者矣」
- 破
  - 實
    - 論點：「曰……信義者哉」
    - 論據：「不然……不通之論也」
  - 虛
    - 問：「然則何爲而可」
    - 答：「曰……以干譽」

說明

這篇文章形成的是「破立破」的結構。因爲唐太宗縱囚之事，自來傳爲美談，廣爲人知，所以作者不須多費言詞交代事情本末，一開篇就以理「破」唐太宗縱囚事，所以先提論點，次敘論據，最後得出結論：「此豈近於人情哉」。不過，爲了讓自己的說法更趨完固，因此作者接著假擬一人，藉著「或曰」的方式，提出「恩德化人」的看法，這是「立」了一案。但是，此案等於是一個箭靶，作者在下文中，就以絕大力量射出致命的一箭，讓此事不合情理處暴露無遺。

所以作者先就事實來說，提出「上下交相賊」的論點，並以不通之事作爲論據以爲輔助，在這樣犀利的分析下，唐太宗好名的用心可說是無可遁形。不過，作者還不滿足，接著還從「虛」處發揮，假設出「縱而來歸，殺之無赦」的局面，更見得縱囚之事的虛矯，因此得出「不立異以爲高，不逆情以干譽」的千古不刊的結論。

王文濡在評價此文時說道：「太宗縱囚，囚自來歸，俱爲反常之事。先以『不近人情』斷定，末以『不可爲常法』結之，自是千古正論。通篇雄辯深刻，一步緊一步，令無可躲閃處。此等筆力，如刀斫斧截，快利無雙。」（見《古文觀止》）此文所以能展現這樣的風格，善用「立破」法是一大關鍵。作者運用「立破」法，挑戰權威、顚覆傳統，促使讀者作全新的思考；而且「立破」法針鋒相對、痛快淋漓的强烈效果，也在這篇文章中展露無遺。基於上述的原因，也就難怪這篇翻案文章會傳誦千古了。

蘇洵〈六國論〉

六國破滅，非兵不利，戰不善，弊在賂秦。賂秦而力虧，破滅之道也。或曰：「六國互喪，率賂秦耶？」曰：「不賂者以賂者喪。蓋失强援，不能獨完。故曰，弊在賂秦也。」

秦以攻取之外，小則獲邑，大則得城。較秦之所得，與戰勝而得者，其實百倍；諸侯之所亡，與戰敗而亡者，其實亦百倍；則秦之所大欲，諸侯之所大患，固不在戰矣。思厥先祖父，暴霜露，斬荊棘，以有尺寸之地。子孫視之不甚惜，舉以予人，如棄草芥。今日割五城，明日割十城，然後得一夕安寢；起視四境，而秦兵又至矣！然則諸侯之地有限，暴秦之欲無厭，奉之彌繁，侵之愈急，故不戰而强弱勝負已判矣。至於顛覆，理固宜然。古人云：「以地事秦，猶抱薪救火，薪不盡，火不滅。」此言得之。

齊人未嘗賂秦，終繼五國遷滅，何哉？與嬴而不助五國也。五國既喪，齊亦不免矣。燕、趙之君，始有遠略，能守其土，義不賂秦。是故燕雖小國而後亡，斯用兵之效也。至丹以荊卿爲計，始速禍焉。趙嘗五戰於秦，二敗而三勝。後秦擊趙者再，李牧連卻之。洎牧以讒誅，邯鄲爲郡；惜其用武而不終也。且燕、趙處秦革滅殆盡之際，可謂智力孤危，戰敗而亡，誠不得已。向使三國各愛其地，齊人勿附於秦，刺客不行，良將猶在，則勝負之數，存亡之理，與秦相較，或未易量。嗚呼！以賂秦之地，封天下之謀臣；以事秦之心，禮天下之奇才；並力西嚮，則吾恐秦人食之不得下咽也。悲夫！有如此之勢，而爲秦人積威之所劫，日削月割，以趨於亡。爲國者，無使爲積威之所劫哉！

夫六國與秦皆諸侯，其勢弱於秦，而猶有可以不賂而勝之之勢；苟以天下之大，而從六國破亡之故事，是又在六國下矣。

結構分析表（參見陳滿銘《文章結構分析——以中學國文課文爲例》）

- 凡
  - 弊在賂秦：「六國破滅……之道也」
  - 不賂者以賂者喪：「或曰……賂秦也」
- 目
  - 弊在賂秦
    - 論：「秦以……不在戰矣」
    - 敍：「思厥……又至矣」
    - 論：「然則……此言得之」
  - 不賂者以賂者喪
    - 目
      - 實：「齊人……不得已」
      - 虛：「向使……易量」
    - 凡
      - 虛：「嗚呼……下咽也」
      - 實：「悲夫……所劫哉」
- 凡
  - 反（結論）：「夫六國……之勢」
  - 正（諷喻）：「苟以……六國下矣」

說明

這篇文章形成的是「凡目凡」的架構。在第一個「凡」的部分，作者即將綱領分為雙

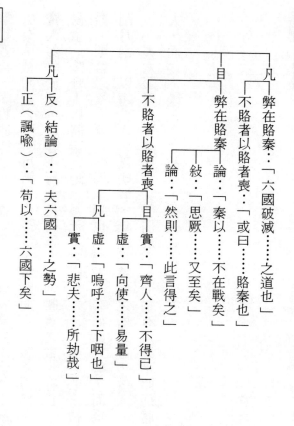

軌：「弊在賂秦」、「不賂者以賂者喪」，來統攝下文。

因此「目一」即承接第一軌：「弊在賂秦」作發揮，並以「論敍論」的方式，將「史識」與「史材」組織起來，更見得剖析精詳。

「目二」的部分則是就第二軌「不賂者以賂者喪」，作更深入的探討。其中值得注意的是，作者在此將事實與假設對列起來，激起無限省思與悲憤，產生了很大的作用。

最後，作者先就六國作一結論，但主旨其實是出現在最末隱含諷喻的數句：「苟以天下之大，而從六國破亡之故事，是又在六國下矣」。因此林雲銘說道：「老泉此論，實爲宋賂契丹借來作個車鑑，以爲宋有天下之大，與六國弱於秦不同，尤不待賂，其結穴全在篇末一段。」（見《古文析義》）由此可見老泉一片謀國深意。

曾鞏〈墨池記〉

臨川之城東，有地隱然而高，以臨於溪，曰新城。新城之上，有池窪然而方以長，曰王羲之之墨池者，荀伯子《臨川記》云也。羲之嘗慕張芝臨池學書，池水盡黑，此爲其故跡，豈信然邪？方羲之之不可强以仕，而嘗極東方，出滄海，以娛其意於山水之間。豈其徜徉肆恣，而又嘗自休於此邪？

義之之書，晚乃善。則其所能，蓋亦以精力自致者，非天成也。然後世未有能及者，豈其學不如彼邪？則學固豈可以少哉！況欲深造道德者邪？

墨池之上，今爲州學舍。教授王君盛恐其不章也，書「晉王右軍墨池」之六字於楹間以揭之。又告於鞏曰：「願有記！」

推王君之心，豈愛人之善，雖一能不以廢，而因以及乎其跡邪？其亦欲推其事以勉學者邪？夫人之有一能，而使後人尚之如此，況仁人莊士之遺風餘思，被於來世者如何哉！

慶曆八年九月十二日，曾鞏記。

結構分析表

- 因
  - 敘
    - 景：「臨川……云也」
    - 事：「義之……於此邪」
  - 論
    - 因：「義之……不如彼邪」
    - 果：「則學固豈可以少哉」二句
- 果
  - 敘：「墨池……願有記」
  - 論
    - 淺：「推王君……勉學者邪」
    - 深：「夫人……如何哉」
- 補敘：「慶曆八年」二句

說明

這篇文章敍論間雜。在第一個「先敍後論」結構中，作者先就墨池之景稍加敍述，接著馬上帶出王羲之的苦學事蹟；然後由「羲之之書，晚乃善」的事實，發出議論，肯定學習的重要。

因爲學習是如此的重要，所以標誌著王羲之苦學精神的墨池，就顯得意義非凡了，因此教授王君央請作者寫記，這一段敍述是第二個「敍」。承接這段敍述，作者推想王君勉學者勤學的用心（淺），並深一層地以「仁人莊士」來勉勵學者（深），這部分是第二個「論」。

最末數語，是補出作記的年月以及作者姓名。

此文題目雖小，卻能發出絕大議論，主要應歸功於作者將「敍」與「論」結合得十分緊密，因此語語扣住墨池，卻又語語不粘滯於墨池，這是相當值得學習的。

司馬光〈訓儉示康〉△

吾本寒家，世以清白相承。吾性不喜華靡，自爲乳兒，長者加以金銀華美之服，輒羞赧棄去之。二十忝科名，「聞喜宴」獨不戴花。同年曰：「君賜不可違也。」乃簪一花。平生衣取蔽寒，食取充腹；亦不敢服垢弊以矯俗干名，但順吾性而已。

衆人皆以奢靡爲榮，吾心獨以儉素爲美。人皆嗤吾固陋，吾不以爲病。應之曰：孔子稱：「與其不遜也，寧固。」又曰：「以約失之者，鮮矣！」又曰：「士志於道，而恥惡衣惡食者，未足與議也。」古人以儉爲美德，今人乃以儉相詬病。嘻，異哉！

近歲風俗尤爲侈靡，走卒類士服，農夫躡絲履。吾記天聖中，先公爲羣牧判官，客至未嘗不置酒，或三行，五行，多不過七行。酒酤於市，果止於梨、栗、棗、柿之類；肴止於脯醢、菜羹，器用瓷漆。當時士大夫家皆然，人不相非也。會數而禮勤，物薄而情厚。近日士大夫，酒非內法，果、肴非遠方珍異，食非多品，器皿非滿案，不取會賓友；常數月營聚，然後敢發書。苟或不然，人爭非之，以爲鄙吝。故不隨俗靡者蓋鮮矣！嗟乎！風俗頹敝如是，居位者雖不能禁，忍助之乎？

又聞昔李文靖公爲相，治居第於封丘門內，廳事前僅容旋馬。或言其太隘，公笑曰：「居第當傳子孫，此爲宰相廳事誠隘，爲太祝、奉禮廳事已寬矣！」參政魯公爲諫官，真宗遣使急召之，得於酒家。既入，問其所來，以實對。上曰：「卿爲清望官，奈何飲於酒肆？」對曰：「臣家貧，客至無器皿、肴、果，故就酒家觴之。」上以無隱，益重之。張文節爲相，自奉養如爲河陽掌書記時，所親或規曰：「公今受俸不少，而自奉若此。公雖自信清約，外人頗有公孫布被之譏。公宜少從衆。」公嘆曰：「吾今日之俸，雖舉家錦衣玉食，何患不能？顧人之常情，由儉入奢易，由奢入儉難。吾今日之俸豈能常有？身豈能常存？一旦異於今日，家人習奢已久，不能頓儉，必致失所。豈若吾居位、去位、身存、身亡，常如一日乎？」嗚呼！大賢之深謀遠慮，豈庸人所及哉！

御孫曰：「儉，德之共也；侈，惡之大也。」共，同也；言有德者皆由儉來也。夫儉則寡欲：君子寡欲，則不役於物，可以直道而行；小人寡欲，則能謹身節用，遠罪豐家。故曰：「儉，德之共也。」侈則多欲：君子多欲，則貪慕富貴，枉道速禍；小人多欲，則多求妄用，敗家喪身。是以居官必賄，居鄉必盜。故曰：「侈，惡之大也。」

昔正考父饘粥以餬口，孟僖子知其後必有達人。季文子相三君，妾不衣帛，馬不食粟，君子以爲忠。管仲鏤簋朱紘，山楶藻梲，孔子鄙其小器。公叔文子享衞靈公，史鰌知其及禍；及戍，果以富得罪出亡。何曾日食萬錢，至孫以驕溢傾家。石崇以奢靡誇人，卒以此死東市。近世寇萊公豪侈冠一時，然以功業大，人莫之非，子孫習其家風，今多窮困。

其餘以儉立名，以侈自敗者多矣！不可遍數，聊舉數人以訓汝。汝非徒身當服行，當以訓汝子孫，使知前輩之風俗云。

結構分析表

- 目
  - 敘
    - 正（儉）：「吾本寒家……異哉」
    - 反（侈）：「近歲風俗……忍助之乎」
    - 正（儉）：「又聞李文靖……庸人所及哉」
  - 論
    - 凡：「御孫曰……惡之大也」
    - 目
      - 正（儉）：「共同也……德之共也」
      - 反（侈）：「侈則多欲……惡之大也」
  - 敘
    - 正（儉）：「昔正考父……以爲忠」
    - 反（侈）：「管仲……今多窮困」
- 凡
  - 敘
    - 目
      - 正（儉）：「其餘以儉立名」
      - 反（侈）：「以侈自敗者多矣」
    - 凡：「不可遍數」二句
  - 論（訓汝）：「汝非徒身當服行」三句

說明

這篇文章用「先目後凡」的方式來架構，「目」與「凡」之間對應得非常嚴密。

在「目」的部分，作者在中間「御孫曰」一段，以論說的方式提出一篇主旨：「儉，德之共也；侈，惡之大也」；爲了證明這個道理，作者舉了許多正面（儉）、反面（侈）的例證，範圍從自身、當代乃至古代，兩兩對比之下，令人不由得不信服。

前面的絕大篇幅，作者在最後只用了一小段來加以收束；而且有敍有論、有正有反，可說是收得點滴不漏。

這篇文章並沒有講太過複雜的道理，只是將自身的體會誠懇地敍說出來而已，也因此，文章理路的轉折並不多；它之所以是一篇成功的文章，那是因爲作者善於取譬、引用名言，並能適當的組織起來，所以產生了很好的說服力。

王安石〈答司馬諫議書〉△

某啓：昨日蒙教。竊以爲與君實游處相好之日久，而議事每不合，所操之術多異故也。雖欲强聒，終必不蒙見察，故略上報，不復一一自辨。重念蒙君實視遇厚，於反覆不宜鹵莽，故今具道所以，冀君實或見恕也。

蓋儒者所爭，尤在於名實，名實已明，而天下之理得矣。今君實所以見教者，以爲侵官、生事、征利、拒諫，以致天下怨謗也。某則以爲受命於人主，議法度而修之於朝廷，以授之於有司，不爲侵官；舉先王之政，以興利除弊，不爲生事；爲天下理財，不爲征利；闢邪說，難壬人，不爲拒諫。至於怨誹之多，則固前知其如此也。人習於苟且非一日，士大夫多以不恤國事，同俗自媚於衆爲善。上乃欲變此，而某不量敵之衆寡，欲出力助上以抗之，則衆何爲而不洶洶？然盤庚之遷，胥怨者民也，非特朝廷士大夫而已；盤庚不爲怨者故，改其度，度義而後動，是而不見可悔故也。如君實責我以在位久，未能助上大有爲，以膏澤斯民，則某知罪矣；如曰今日當一切不事事，守前所爲而已，則非某之所敢知。

無由會晤，不任區區向往之至！

結構分析表

- 敬辭：「某啓」
- 因
  - 因：「昨日蒙教」
  - 果：「竊以爲……見恕也」
- 果
  - 實
    - 破：「蓋儒者……理得矣」
    - 立
      - 凡：「今君實所以見教者」
      - 目
        - 因：「以爲侵官生事」句
        - 果：「以致天下怨謗也」
    - 破
      - 因：「某則以爲……不爲拒諫」
      - 果：「至於……可悔故也」
  - 虛
    - 反：「如君實……知罪矣」
    - 正：「如曰……所敢知」
- 敬辭：「無由會晤」二句

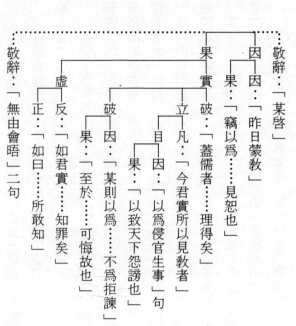

說明

此文短捷快利，頗能彰顯王氏文風，而且在章法的運用上，也顯現出同樣的特色來。作者在起筆處，先敍寫覆信的原因；其中又分出一個「先因後果」結構，即「昨日蒙教」是「因」，所以才「具道所以」（果）。

接著，即針對司馬光來信的內容加以回覆；因爲兩人「議事每不合」，這樣的不合延伸到書信上，同樣的針鋒相對。所以作者筆鋒所指，一開始就先以理「破」司馬光的指責，認爲自己的堅持是「儒者所爭」；然後以短短二十五字，敍述司馬光來信的內容，重點在「侵官、生事、征利、拒諫」（因），以及「致天下怨謗」（果），這是「立」一筆；可是「立」的目的是爲其後的「破」豎立一個箭靶，正所謂「質的張而弓矢至」，因此作者在其後即以簡潔的短句，一一駁回「侵官、生事、征利、拒諫」（因），除此之外，還以「同俗自媚」批評當時的士大夫，而且以盤庚遷殷自比，表明自己「不見可悔」，以回應司馬光所言「致天下怨謗」（果）。「立破」法犀利明快的特點，在此處可謂發揮無遺。

前面都是從「實」處著墨，可是作者文筆凌厲，又往「虛」處馳騁，頗有勢如破竹、不可遏抑之慨。所以作者先從「反」面假設說自己「知罪」，但這是用來凸顯後面的幾句：「如曰今日當一切不事事，守前所爲而已，則非某之所敢知。」數語斷盡，如斧斫刀劈，快利無雙。

「立破」法和「正反」法都是以極大的反差形成對比，引起讀者的高度注意，來達成文章的效果，所以可以說是極爲「陽剛」的章法。這篇文章的主體部分，就是運用了這兩種章法，營造出強力的聲勢，讓人幾乎有刀光劍影的錯覺，眞可說是文章奇觀了。

蘇軾〈赤壁賦〉△

壬戌之秋，七月既望，蘇子與客泛舟遊於赤壁之下。清風徐來，水波不興。舉酒屬客，誦明月之詩，歌窈窕之章。少焉，月出於東山之上，徘徊於斗牛之間。白露橫江，水光接天。縱一葦之所如，凌萬頃之茫然。浩浩乎如馮虛御風，而不知其所止；飄飄乎如遺世獨立，羽化而登仙。

於是飲酒樂甚，扣舷而歌之。歌曰：「桂櫂兮蘭槳，擊空明兮泝流光。渺渺兮予懷，望美人兮天一方。」客有吹洞簫者，倚歌而和之，其聲嗚嗚然：如怨、如慕、如泣、如訴；餘音嫋嫋，不絕如縷；舞幽壑之潛蛟，泣孤舟之嫠婦。

蘇子愀然，正襟危坐而問客曰：「何爲其然也？」

客曰：「『月明星稀，烏鵲南飛』，此非曹孟德之詩乎？西望夏口，東望武昌；山川相繆，鬱乎蒼蒼。此非孟德之困於周郎者乎？方其破荊州，下江陵，順流而東也，舳艫千里，旌旗蔽空，釃酒臨江，橫槊賦詩，固一世之雄也，而今安在哉！況吾與子，漁樵於江渚之上，侶魚蝦而友麋鹿；駕一葉之扁舟，舉匏樽以相屬；寄蜉蝣於天地，渺滄海一粟。哀吾生之須臾，羨長江之無窮；挾飛仙以遨遊，抱明月而長終；知不可乎驟得，託遺響於悲風。」

蘇子曰：「客亦知夫水與月乎？逝者如斯，而未嘗往也；盈虛者如彼，而卒莫消長也。蓋將自其變者而觀之，則天地曾不能以一瞬；自其不變者而觀之，則與我皆無盡也，而又何羨乎？且夫天地之間，物各有主。苟非吾之所有，雖一毫而莫取；惟江上之清風，與山間之明月，耳得之而爲聲，目遇之而成色。取之無禁，用之不竭。是造物者之無盡藏也，而吾與子之所共適。」

客喜而笑，洗盞更酌。肴核既盡，杯盤狼藉。相與枕藉乎舟中，不知東方既白。

結構分析表

- 先（視、樂）
  - 事：「壬戌之秋……窈窕之章」
  - 景
    - 高：「少焉」三句
    - 低：「白露橫江」二句
    - 中：「縱一葦……登仙」
- 中
  - 敘（聽、哀）
    - 蘇子之歌：「於是飲酒樂甚……天一方」
    - 洞簫之聲：「客有吹洞簫……嫠婦」
  - 接榫：「蘇子愀然」三句
  - 論
    - 立
      - 引論：「客曰……安在哉」
      - 申論：「況吾與子……悲風」
    - 破
      - 引論：「蘇子……何羨乎」
      - 申論：「且夫……共適」
- 後（樂）：「客喜……東方既白」

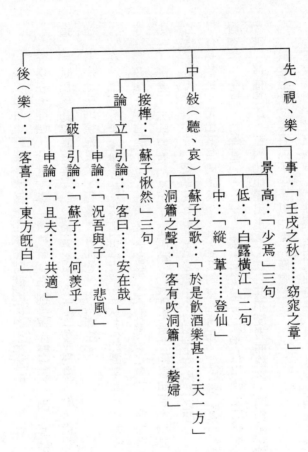

說明

這篇文章仙氣飄渺，大致上是依據時間的流逝來架構的。

作者在一開始，分就「事」與「景」來鋪寫遊赤壁之樂，因此吳楚材選注《古文觀止》說道：「賦領受此風此月者，一路都寫樂景。」尤其是寫景一段，從視覺出發，描寫月照大江、憑風泛舟的空茫景致，飄飄然有仙意，引人神往。

在第二部分中，雖然起始處出現兩句：「於是飲酒樂甚，扣舷而歌之」，點出「樂」字，但事實上是承接上文，底下作一翻轉。因此蘇子之歌：「渺渺兮予懷，望美人兮天一方」，隱含了去國懷君的憂思，而洞簫之聲，更是「如怨如慕、如泣如訴」，所以林雲銘《古文析義》中評道：「總摹寫其聲悲哀之極……以起下文愀然之問」。因此作者藉著蘇子之問作一接榫，帶出其後的議論來，是全文的重心所在。這段議論是以對答的方式聯結的，洞簫客的一段話，彷彿是「立」了一案，對人生之虛渺發出絕大的感慨；而蘇子之答就是在「破」這種想法，並因此而提出主旨：「自其不變者而觀之，則物與我皆無盡也」。於是最後「客喜而笑」，以「樂」作收。

王文濡針對此文說道：「欲寫受用現前無邊風月，卻借吹洞簫者發出一段悲感，然後痛陳其胸前一片空闊，了悟風月不死、先生不亡也。」（見《古文觀止》）因此全文情緒的轉折大致上是「樂——悲——樂」，等於是撥雲而見月，這樣的自在才是眞自在。

蘇軾〈留侯論〉

古之所謂豪傑之士者，必有過人之節，人情有所不能忍者。匹夫見辱，拔劍而起，挺身而鬥，此不足爲勇也。天下有大勇者，卒然臨之而不驚，無故加之而不怒。此其所挾持者甚大，而其志甚遠也。

夫子房受書於圯上之老人也，其事甚怪；然亦安知其非秦之世，有隱君子者出而試之。觀其所以微見其意者，皆聖賢相與警戒之義；而世不察，以爲鬼物，亦已過矣。且其意不在書。

當韓之亡，秦之方盛也，以刀鋸鼎鑊待天下之士。其平居無罪夷滅者，不可勝數。雖有賁、育，無所獲施。夫持法太急者，其鋒不可犯，而其勢未可乘。子房不忍忿忿之心，以匹夫之力而逞於一擊之間；當此之時，子房之不死者，其間不能容髮，蓋亦已危矣。千金之子，不死於盜賊，何者？其身之可愛，而盜賊之不足以死也。子房以蓋世之才，不爲伊尹、太公之謀，而特出於荊軻、聶政之計，以僥倖於不死，此圯上之老人所爲深惜者也。是故倨傲鮮腆而深折之。彼其能有所忍也，然後可以就大事。故曰「孺子可教」也。

楚莊王伐鄭，鄭伯肉袒牽羊以逆；莊王曰：「其君能下人，必能信用其民矣。」遂舍之。勾踐之困於會稽而歸，臣妾於吳者，三年而不倦。且夫有報人之志，而不能下人者，是匹夫之剛也。夫老人者，以爲子房才有餘；而憂其度量之不足，故深折其少年剛鋭之氣，使之忍小忿而就大謀。何則？非有平生之素，卒然相遇於草野之間，而命以僕妾之役，油然而不怪者，此固秦皇之所不能驚，而項籍之所不能怒也。

觀夫高祖之所以勝，而項籍之所以敗者，在能忍與不能忍之間而已矣。項籍唯不能忍，是以百戰百勝，而輕用其鋒；高祖忍之，養其全鋒，以待其弊，此子房教之也。當淮陰破齊而欲自王，高祖發怒，見於辭色。由此觀之，猶有剛强不忍之氣，非子房其誰全之？

太史公疑子房以爲魁梧奇偉，而其狀貌乃如婦人女子，不稱其志氣。嗚呼！此其所以爲子房歟！

結構分析表（參見陳滿銘《文章結構分析——以中學國文課文爲例》）

- 凡
  - 果：「古之所謂……而不怒」
  - 因：「此其所挾持者甚大」二句
- 目
  - 爲人
    - 佐漢前
      - 果：「夫子房……不在書」
      - 因
        - 抑：「當韓之亡……可教也」
        - 揚
          - 舉證：「楚莊王……而不倦」
          - 議論：「且夫有……怒也」
    - 佐漢後：「觀夫高祖……全之」
  - 狀貌：「太史公……子房歟」

說明

這是一篇史論文章，旨在讚美張良能「忍小忿而就大謀」，因此作者在開篇的總括之處（凡），即提出「忍」字，蔡鑄說道：「『忍』字是全篇眼目」（見過商侯編《古文評註全集》）。

其後條分的部分（目），作者先就其「爲人」來寫，而且眼明手快地覷定黃石老人授書

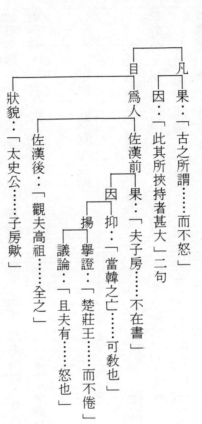

之事，藉著翻案的手法，更深刻地凸顯出主旨——忍，因此王文濡說道：「人皆以受書爲奇事，此文得意在『且其意不在書』，一句撇開，拏定『忍』字發議。」（見《古文觀止》）並以此「佐漢前」之事，和「佐漢後」的表現作一對照，更見得子房的成長。接著並從子房的「狀貌」來寫，以「此其所以爲子房歟」回應主旨，淡語作收。

從史論文章的寫作，最能見出作者之「識」，而蘇軾的識見高卓，在這篇文章中展現無遺。因此林雲銘讚美道：「此篇以『忍小忿而成大謀』一句，發出黃石授書之意，雖未必合於當日事情，但能忍不能忍之間，實爲劉項成敗之案，說得中窾；且以黃石爲秦之隱君子，卓識不刊，可喚醒世人狂惑，文字之佳，又其餘事耳。」（見《古文析義》）

△蘇軾〈教戰守策〉

夫當今生民之患，果安在哉？在於知安而不知危，能逸而不能勞。此其患不見於今，將見於他日；今不爲之計，其後將有所不可救者。

昔者先王知兵之不可去也，是故天下雖平，不敢忘戰。秋冬之隙，致民田獵以講武，教之以進退坐作之方，使其耳目習於鐘鼓旌旗之間而不亂，使其心志安於斬刈殺伐之際而不懾。是以雖有盜賊之變，而民不至於驚潰。

及至後世，用迂儒之議，以去兵爲王者之盛節。天下既定，則卷甲而藏之。數十年之後，甲兵頓敝，而人民日以安於佚樂；卒有盜賊之警，則相與恐懼訛言，不戰而走。開元、天寶之際，天下豈不大治？惟其民安於太平之樂，酣豢於遊戲酒食之間；其剛心勇氣，銷耗鈍眊，痿蹶而不復振。是以區區之祿山一出而乘之，四方之民，獸奔鳥竄，乞爲囚虜之不暇。天下分裂，而唐室因以微矣！

蓋嘗試論之：天下之勢，譬如一身。王公貴人所以養其身者，豈不至哉？而其平居常苦於多疾。至於農夫小民，終歲勞苦，而未嘗告疾，此其故何也？夫風雨霜露寒暑之變，此疾之所由生也。農夫小民，盛夏力作，而窮冬暴露，其筋骸之所衝犯，肌膚之所浸漬，輕霜露而狎風雨，是故寒暑不能爲之毒。今王公貴人，處於重屋之下，出則乘輿，風則襲裘，雨則御蓋。凡所以慮患之具，莫不備至。畏之太甚，而養之太過，小不如意，則寒暑入之矣！是故善養身者，使之逸而能勞；步趨動作，使其四體狃於寒暑之變；然後可以剛健强力，涉險而不傷。

夫民亦然。今者治平之日久，天下之人，驕惰脆弱，如婦人孺子，不出於閨門。論戰鬥之事，則縮頸而股慄；聞盜賊之名，則掩耳而不願聽。而士大夫亦未嘗言兵，以爲生事擾民，漸不可長。此不亦畏之太甚，而養之太過歟？

且夫天下固有意外之患也。愚者見四方之無事，則以爲變故無自而有，此亦不然矣！今國家所以奉西北之虜者，歲以百萬計。奉之者有限，而求之者無厭，此其勢必至於戰。戰者必然之勢也，不先於我，則先於彼；不出於西，則出於北。所不可知者，有遲速遠近，而要以不能免也。

天下苟不免於用兵，而用之不以漸，使民於安樂無事之中，一旦出身而蹈死地，則其爲患必有所不測。故曰：天下之民，知安而不知危，能逸而不能勞，此臣所謂大患也。臣欲使士大夫尊尚武勇，講習兵法；庶人之在官者，教以行陣之節；役民之司盜者，授以擊刺之術；每歲終則聚於郡府，如古都試之法，有勝負賞罰，而行之既久，則又以軍法從事。然議者必以爲無故而動民，又悚以軍法，則民將不安；而臣以爲此所以安民也。天下果未能去兵，則其一旦將以不教之民而驅之戰。夫無故而動民，雖有小恐，然孰與夫一旦之危哉？

今天下屯聚之兵，驕豪而多怨，陵壓百姓，而邀其上者，何故？此其心，以爲天下之知戰者，惟我而已。如使平民皆習於兵，彼知有所敵，則固已破其奸謀，而折其驕氣。利害之際，豈不亦甚明歟？

結構分析表

- 凡
  - 因（生民之患）：「夫當今……見於他日」
  - 果（爲之計）：「今不爲之計」二句
- 目
  - 生民之患
    - 敘
      - 正：「昔者……至於驚潰」
      - 反
        - 全：「及至後世……不戰而走」
        - 偏：「開元天寶……固以微矣」
    - 論
      - 敲
        - 論據：「蓋嘗試論……夫民亦然」
        - 論點：「今者治平……太過歟」
      - 擊
        - 因：「且夫天下……不能免也」
        - 果：「天下苟不……大患也」
  - 爲之計
    - 目
      - 全：「臣欲使……一旦之危哉」
      - 偏：「今天下……折其驕氣」
    - 凡：「利害之際」二句

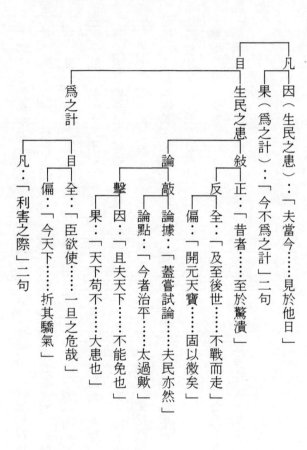

說明

這篇文章形成的是「先凡後目」結構。在「凡」的部分，作者即提出兩軌：「生民之患」和「爲之計」，彼此之間又是「因果」關係，而且這兩軌貫注而下、籠罩全文。

在「目一（生民之患）」的部分，作者先敍述生民知危能勞的一面（正），再敍述知安能逸的一面（反），兩兩對照，其理自明。因此接著就此而發議論，先旁「敲」一筆，言當今「畏之太甚而養之太過」，接著再正面出「擊」，說道如此一來，必有不測之患。

其次「目二（爲之計）」的部分，則承接上文，有所籌謀。先就整體來規畫，應如何「教戰」；然後就其中一點：「屯聚之兵驕豪多怨」再加以論述。最後並以「利害之際」二句，總收「目二（爲之計）」。

蘇軾所謂「教戰守」，其實是「教以戰爲守」；因此先分析生民之患在「知安而不知危」（因），再針對此點加以謀畫，教民作戰（果）。雄見深刻，膽大心細，是政治家之文。

蘇轍〈黃州快哉亭記〉

江出西陵，始得平地，其流奔放肆大。南合沅、湘，北合漢、沔，其勢益張。至於赤壁之下，波流浸灌，與海相若。清河張君夢得，謫居齊安，即其廬之西南爲亭，以覽觀江流之勝；而余兄子瞻名之曰「快哉」。

蓋亭之所見，南北百里，東西一舍。濤瀾洶湧，風雲開闔。晝則舟楫出沒於其前；夜則魚龍悲嘯於其下。變化倏忽，動心駭目，不可久視。今乃得翫之几席之上，舉目而足。西望武昌諸山，岡陵起伏，草木行列。煙消日出，漁夫樵父之舍，皆可指數。此其所以爲「快哉」者也。至於長洲之濱，故城之墟；曹孟德、孫仲謀之所睥睨，周瑜、陸遜之所騁騖；其流風遺跡，亦足以稱快世俗。

昔楚襄王從宋玉、景差於蘭臺之宮，有風颯然至者，王披襟當之，曰：「快哉此風！寡人所與庶人共者耶？」宋玉曰：「此獨大王之雄風耳！庶人安得共之！」玉之言，蓋有諷焉！夫風無雄雌之異，而人有遇不遇之變。楚王之所以爲樂，與庶人之所以爲憂，此則人之變也，而風何與焉？

士生於世，使其中不自得，將何往而非病？使其中坦然，不以物傷性，將何適而非快？今張君不以謫爲患，竊會計之餘功，而自放山水之間，此其中宜有以過人者。將蓬戶甕牖，無所不快；而況乎濯長江之清流，挹西山之白雲，窮耳目之勝，以自適也哉？不然，連山絕壑，長林古木，振之以清風，照之以明月，此皆騷人思士之所以悲傷憔悴而不能勝者，烏睹其爲快也哉？

元豐六年十一月朔日趙郡蘇轍記。

結構分析表

- 敘
  - 因（敘作亭）：「江出西陵……快哉」
  - 果（敘所見）
    - 凡：「蓋亭之所見」三句
    - 目
      - 景
        - 江：「濤瀾洶湧……舉目而足」
        - 山：「西望武昌……快哉者也」
      - 事：「至於長洲……稱快世俗」
- 論
  - 敲
    - 論據：「昔楚襄王……安得共之」
    - 論點：「玉之言……風何與焉」
  - 擊
    - 泛
      - 正：「士生於世」三句
      - 反：「使其中坦然不以物傷性」二句
    - 具
      - 正：「今張君……自適也哉」
      - 反：「不然……爲快也哉」

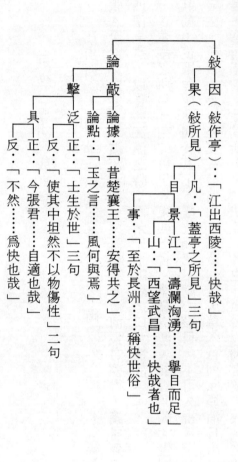

說明

此文一開始，描述長江流出西陵峽之後，「其勢益張」的三種變化；然後才寫到張夢得建亭「以覽觀江流之勝」，而蘇軾名之曰「快哉」。林雲銘說道：「以上記作快哉亭」（見《古文析義》），吳楚材亦稱：「倒出『快哉』」（見《古文觀止》）。

所以接著就敍寫從快哉亭上眺望所得。先記述所見之「景」，而且分就「江」、「山」來作描繪，吳楚材評道：「一段寫當日所見以爲快」（見《古文觀止》），此爲「快哉景」。而且從所見之景，緬懷往日，得出「快哉事」，吳楚材又評道：「一段弔往古之事以爲快」（見《古文觀止》）。

總結前面的兩大段，是「敍」；其後就藉著「快哉」二字，轉入議論。

作者先敍寫楚襄王與宋玉的一段對話，有兩個作用：一方面敍出「快哉」二字所本，一方面作爲「論據」，引起其後的論說。所以「玉之言……風何與焉」一段，道出「人有遇不遇之變」。不過，這部分尚屬「旁敲」，眞正的重心在篇末一段，因此吳楚材評道：「因『快哉』二字，發此一段論端，尋說到張夢得身上，若斷若續，無限煙波。」（見《古文觀止》）

經過層層蘊蓄，作者終於「正面出擊」。先在泛寫的部分，以「先反後正」的手法夾出主旨：「使其中坦然不以物傷性，將何適而非快」；而且在具寫張夢得時，同樣地先「正寫『快哉』，何等酣暢」（見《古文觀止》），最後「反結，更有餘味」（見《古文觀止》）。全文不離「快哉」二字，從「快哉亭」、「快哉景」、「快哉事」，敍到「快哉論」，洗發透徹，令人心神一清，洵爲千古名文。

陸、章法分析：

元明清篇

白樸〈沉醉東風・漁父詞〉

黃蘆岸白蘋渡口，綠楊堤紅蓼灘頭。雖無刎頸交，卻有忘機友：點秋江白鷺沙鷗。傲殺人間萬戶侯；不識字煙波釣叟。

結構分析表（參見陳滿銘《文章結構分析——以中學國文課文為例》）

- 目（因）
  - 可傲一（管山水）：「黃蘆岸白蘋渡口」二句
  - 可傲二（友鷗鷺）：「刎頸交」三句
- 凡（果）：「傲殺人間萬戶侯」二句

說明

這首小令透過對漁父生活的讚美，以寫自己的閒適心境。

它採「先目後凡」的形式寫成，其中的「目」有二：其一寫漁父平日所享有的江邊風光，而且以「黃」、「白」、「綠」、「紅」等色彩點綴其中，暈染出一個生意盎然、溫馨可愛的天地；其二是寫漁父與忘機的水邊鷗鷺為友，而且從「點秋江」的「點」字，帶出一種動態美。有此二「目」為「因」，自然就帶出它的「果」——「傲殺人間萬戶侯」二句，以總結上文之意，並由此反映了作者傲然不羣，不肯與世俗妥協的堅定態度（參見陳滿銘《文章結構分析——以中學國文課文為例》）。

林景熙〈蜃說〉

嘗讀《漢天文志》，載：「海旁蜃氣象樓臺」，初未之信。

庚寅季春，予避寇海濱，一日飯午，家僮走報怪事，曰：「海中忽湧數山，皆昔未嘗有。父老觀以為甚異。」予駭而出，會潁川主人走使邀予。既至，相攜登聚遠樓東望。第見滄溟浩渺中，矗如奇峯，聯如疊巘，列如崪岫，隱見不常。

移時，城郭臺榭，驟變欻起，如衆大之區，數十萬家，魚鱗相比，中有浮圖、老子之宮，三門嵯峨，鐘鼓樓翼其左右，簷牙歷歷，極公輸巧不能過。又移時，或立如人，或散如獸，或列若旌旗之飾，甕盎之器，詭異萬千。日近晡，冉冉漫滅，向之有者安在？而海自若也。

《筆談》紀登州海市事，往往類此，予因是始信。

噫嘻！秦之阿房，楚之章華，魏之銅雀，陳之臨春、結綺，突兀淩雲者何限，運去代遷，蕩爲焦土，化爲浮埃，是亦一蜃也，何暇論蜃之異哉？

結構分析表

- 敘
  - 反（未信）：「嘗讀……初未之信」
  - 正（始信）
    - 因
      - 點：「庚寅……走使邀余」
      - 染
        - 一：「既至……隱見不常」
        - 二：「移時……不能過」
        - 三：「又移時……詭異萬千」
        - 四：「日近晡……海自若也」
    - 果：「筆談……始信」
- 論
  - 因：「噫嘻……化爲浮埃」
  - 果：「是亦一蜃也」二句

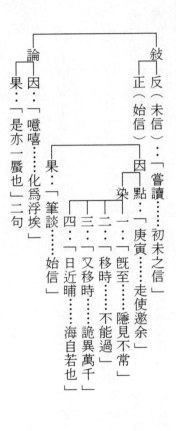

說明

此文形成的是十分常見的「先敍後論」結構，相當符合題目的要求，即因「蜃」而立「說」。

其中「敍」占了絕大部分的篇幅，而且以「反正」翻騰作勢。作者先從「反」面敍起，寫道自己不信蜃樓之說；接著跌入「正」面，而這一部分是「由因及果」順序敍來。在「因」的部分，首「點」海邊蜃樓，其次「染」出蜃樓變化萬千、奇麗非常，但最後終歸幻滅的經過；因爲是用「順敍」的方式帶出，所以在結構表中用「一、二、三、四」，來標明時間的流逝。最後的結果：「余因是始信」，則呼應了篇首的「初未之信」。

篇末一段，作者由自然之景聯繫到人事滄桑，因而發出冷雋深遠的議論，以感慨作收。這篇文章的結構十分清晰，讀者很容易掌握，對文意的深入很有幫助。

施耐庵〈魯智深大鬧桃花村〉

△

智深自離了五臺山文殊院，取道投東京來。行了半月之上，於路不投寺院去歇，只是落客店內打火安身，白日間酒肆裡買吃。

一日，正行之間，貪看山明水秀，不覺天色已晚，趕不上宿頭，路中又沒人作伴，那裡投宿是好？又趕了三、二十里地，過了一條板橋，遠遠地望見一簇紅霞，樹木叢中閃著一所莊院；莊後重重疊疊都是亂山。魯智深道：「只得投莊上去借宿。」逕奔到莊前看時，見數十個莊家，忙忙急急，搬東搬西。

魯智深到莊前，倚了禪杖，與莊客唱個喏。莊客道：「和尚，日晚來我莊上做什的？」智深道：「洒家趕不上宿頭，欲借貴莊投宿一宵，明早便行。」莊客道：「我莊上今夜有事，歇不得。」智深道：「胡亂借洒家歇一夜，明日便行。」莊客道：「和尚快走，休在這裡討死！」智深道：「也是怪哉！歇一夜打什麼要緊，怎的便是討死？」莊客道：「去便去，不去時便捉來縛在這裡。」魯智深大怒道：「你這廝村人好沒有道理！俺又不曾說什的，便要綁縛洒家！」莊家們也有罵的，也有勸的。魯智深提起禪杖，卻待要發作，只見莊裡走出一個老人來。魯智深看那老人時，年近六旬以上，拄一條過頭拄杖，走將出來，喝問莊客：「你們鬧什麼？」莊客道：「可奈這個和尚要打我們。」智深便道：「洒家是五臺山來的僧人，要上東京去幹事，今晚趕不上宿頭，借貴莊投宿一宵，莊家那廝無禮，要綁縛洒家。」那老人道：「既是五臺山來的師父，隨我進來。」

智深跟那老人直到正堂上，分賓主坐下。那老人道：「師父休要怪，莊家們不省得師父是活佛處來的，他作尋常一例相看；老漢從來敬信佛天三寶，雖是我莊上今晚有事，權且留師父歇一宵了去。」智深將禪杖倚了，起身唱個喏，謝道：「感承施主，洒家不敢動問貴莊高姓？」老人道：「老漢姓劉，此間喚做桃花村，鄉人都叫老漢做桃花村劉太公。敢問師父法名，喚做什麼諱字？」智深道：「俺師父是智真長老，與俺取了個諱字，因俺姓魯，喚做魯智深。」太公道：「師父請吃些晚飯，不知肯吃葷腥也不？」魯智深道：「洒家不忌葷酒，遮莫什麼渾清白酒，都不揀選。牛肉、狗肉，但有便吃。」太公道：「既然師父不忌葷酒，先叫莊客取酒肉來。」

沒多時，莊客掇張桌子，放下一盤牛肉，三、四樣菜蔬，一雙筯，放在魯智深面前。智深解下腰包、肚包，坐定。那莊客鏇了一壺酒，拿了一隻盞子，篩下酒與魯智深吃。魯智深也不謙讓，也不推辭，無一時，一壺酒、一盤肉都吃了。太公對席看見，呆了半晌。莊客搬飯來，又吃了。抬過桌子，太公吩咐道：「胡亂教師父在外面耳房中歇一宵，夜間如外面熱鬧，不可出來窺望。」智深道：「敢問貴莊今夜有什事？」太公道：「非是你出家人閒管的事。」智深道：「太公，緣何模樣不甚喜歡？莫不怪洒家來攪擾你麼？明日洒家算還你房錢便了。」太公道：「師父聽說，我家時常齋僧布施，那爭師父一個；只是我家今夜小女招夫，以此煩惱。」

魯智深呵呵大笑道：「男大須婚，女大須嫁，這是人倫大事，五常之禮，何故煩惱？」太公道：「師父不知，這頭親事，不是情願與的。」智深大笑道：「太公，你也是個癡漢！既然不兩相情願，如何招贅做個女婿？」太公道：「老漢止有這個小女，如今方得一十九歲。被此間有座山，喚做桃花山，近來山上有兩個大王，扎了寨柵，聚集著五、七百人，打家劫舍，此間青州官軍捕盜，禁他不得。因來老漢莊上討進奉，見了老漢女兒，撇下了二十兩金子，一匹紅錦爲定禮，選著今夜好日，晚間來入贅。老漢莊上，又和他爭執不得，只得與他。因此煩惱，非是爭師父一個人。」智深聽了，道：「原來如此，洒家有個道理，教他回心轉意，不要娶你女兒，如何？」太公道：「他是個殺人不眨眼的魔君，你如何能彀得他回心轉意？」智深道：「洒家在五臺山智真長老處學得説因緣，便是鐵石人也勸得他轉。今晚可教你女兒別處藏了，俺就在你女兒房內説因緣，勸他便回心轉意。」太公道：「好卻甚好，只是不要捋虎鬚。」智深道：「洒家的不是性命？你只依著俺行。」太公道：「卻是好也！我家有福，得遇這個活佛下降！」莊客聽得，都吃一驚。太公問智深：「再要飯吃麼？」智深道：「飯便不要吃，有酒再將些來吃。」太公道：「有！有！」隨即叫莊客取一隻熟鵝，大碗斟將酒來，叫智深盡意吃了三、二十碗，那隻熟鵝也吃了。叫莊客將包裹先安放房裡，提了禪杖，帶了戒刀，問道：「太公！你的女兒躲過了不曾？」太公道：「老漢已把女兒寄送在鄰舍莊裡去了。」智深道：「引小僧新婦房裡去。」太公引至房邊，指道：「這裡面便是。」智深道：「你們自去躲了。」

太公與衆莊客自出外面安排筵席。智深把房中的桌椅等物都掇過了，將戒刀放在床頭，禪杖把來倚在床邊，把銷金帳子下了，脫得赤條條地跳上床去坐了。

太公見天色看看黑了，叫莊客前後點起燈燭熒煌，就打麥場上放下一張桌子，上面擺著香花燈燭，一面叫莊客大盤盛肉，大壺溫酒。

約莫初更時分，只聽得山邊鑼鳴鼓響。這劉太公懷著鬼胎，莊家們都揑著兩把汗，盡出莊門外看時，只見遠遠地四、五十火把，照耀如同白日，一簇人馬飛奔莊上來。劉太公看見，便叫莊客大開莊門，前來迎接。只見前遮後擁，明晃晃的都是器械旗槍，盡把紅綠絹帛縛著。小嘍囉頭上亂插著野花。前面排著四、五對紅紗燈籠，照著馬上那個大王：頭戴撮尖乾紅凹面巾，鬢旁邊插一隻羅帛像生花，上穿一領圍虎體挽絨金繡綠羅袍，腰繫一條稱狼身銷金包肚紅搭膊，著一雙對掩雲跟牛皮靴，騎一匹高頭捲毛大白馬。那大王來到莊前，下了馬，只見衆小嘍囉齊聲賀道：「帽兒光光，今夜作個新郎；衣衫窄窄，今夜作個嬌客。」劉太公慌忙親捧壺盞，斟下一杯好酒，跪在地下。衆莊客都跪著。那大王把手來扶，道：「你是我的丈人，如何倒跪我？」太公道：「休説這話，老漢只是大王治下管的人戶。」那大王已有七、八分醉了，呵呵大笑道：「我與你家做女婿，也不虧負了你，你的女兒匹配我也好。」劉太公把了下馬杯，來到打麥場上，見了香花燈燭。大王便道：「泰山，何須如此迎接？」那裡又飲了三杯。來到廳上，喚小嘍囉教把馬去繫在綠楊柳上。小嘍囉把鼓樂就廳前擂將起來。

大王上廳坐下，叫道：「丈人，我的夫人在那裡？」太公道：「便是怕羞不敢出來。」大王笑道：「且將酒來，我與丈人回敬。」那大王把了一杯，便道：「我且和夫人廝見了，卻來吃酒未遲。」那劉太公一心只要和尚勸他，便道：「老漢自引大王去。」拿了燭臺，引著大王轉入屏風背後，直到新人房前，太公指與道：「此間便是，請大王自入去。」太公拿著燭臺一直去了。

那大王推開房門，見裡面黑洞洞的，大王道：「你看，我那丈人是個做家的人，房裡也不點碗燈，由我那夫人黑地裡坐地，明日叫小嘍囉到山寨裡扛一桶好油來與他點。」

魯智深坐在帳子裡都聽得，忍住笑，不做一聲。那大王摸進房中，叫道：「娘子！你如何不出來接我？你休要怕羞，我明日叫你做壓寨夫人。」一頭叫娘子，一頭摸來摸去，一摸摸著銷金帳子，便揭起來，探一隻手入去摸時，摸著魯智深的肚皮；被魯智深就勢劈頭巾帶角兒揪住，一按按將下床來。那大王卻待掙扎，魯智深把右手捏起拳頭，罵一聲：「直娘賊！」連耳根帶脖子只一拳。那大王叫一聲道：「甚麼便打老公？」魯智深喝道：「教你認得老婆！」拖倒在床邊，拳頭腳尖一齊上，打得大王叫救人！

劉太公驚得呆了，只道這早晚正說因緣勸那大王，卻聽得裡面叫救人。太公慌忙把著燈燭，引了小嘍囉，一齊搶將入來。衆人燈下一看時，只見一個胖大和尚，赤條條不著一絲，騎翻大王在床面前打。爲頭的小嘍囉叫道：「你衆人都來救大王！」衆小嘍囉一齊拖槍拽棒打將入來救時，魯智深見了，撇下大王，床邊拿著禪杖，著地打將出來。小嘍囉見來得凶猛，發聲喊，都走了。劉太公只管叫苦。

打鬧裡，那大王爬出房門，奔到門前，摸著空馬，樹上折枝柳條，托地跳在馬背上，把柳條鞭打那馬，卻跑不去。大王道：「苦也！連馬也來欺負我！」再看時，原來心慌，不曾解得韁繩，連忙扯斷了，騎著驏馬飛走。出得莊門，大罵劉太公：「老驢休慌，不怕你飛了去！」把馬打上兩柳條，撥喇喇地馱了大王山上去了。

結構分析表

- 一趕路（道上）：「智深自離了……搬東搬西」
- 二投宿（劉家莊前）：「魯智深到莊前……隨我進來」
- 三晚餐（劉家莊正廳）：「智深跟那老人……你們自去躲了」
- 四
  - 埋伏（新房）：「太公與衆莊客……赤條條地跳上床去坐了」
  - 迎接（劉家莊前）：「太公見天色……太公拿著燭臺一直去了」
- 五動武（新房）：「那大王推開房門……劉太公只管叫苦」
- 六逃跑（劉家莊前）：「打鬧裡……馱了大王山上去了」

說明

這是一則妙趣橫生的故事，作者將它鋪寫得精采生動，令人噴飯。

作者所採取的敍寫方式，同時結合了時間的流逝和空間的位移，是相當有效易懂的敍述手法；因此在結構表中，以數字來代表時間的流逝，並在括號內表出空間的轉移。唯一需要注意的是在「四」的部分，運用了「同時分地」的敍述法，亦即在同一個時間內，有兩個以上的場景在運作著，同樣的概念表現在電影中，就是一種「蒙太奇」的手法；這樣做的好處是可以用最少的筆墨，同時記述、關顧不同空間的事情發展，而且形成對照，增添趣味。

羅貫中〈草船借箭〉

話說曹操中了周瑜之計，殺了蔡瑁、張允二人，於衆將內選毛玠、于禁爲水軍都督，以代蔡、張二人之職。細作探知，報過江東。周瑜大喜曰：「吾所患者，此二人耳。今既剿除，吾無憂矣。」魯肅曰：「都督用兵如此，何愁曹賊不破乎？」瑜曰：「吾料諸將不知此計，獨有諸葛亮識見勝我，想此謀亦不能瞞也。子敬試以言挑之，看他知也不知，便當回報。」

卻說魯肅領了周瑜言語，逕來舟中相探孔明，孔明接入小舟對坐。肅曰：「連日措辦軍務，有失聽教。」孔明曰：「便是亮亦未與都督賀喜。」肅曰：「何喜？」孔明曰：「公瑾使先生來探亮知也不知，便是這件事可賀喜耳。」諕得魯肅失色，問曰：「先生何由知之？」孔明曰：「這條計只好弄蔣幹。曹操雖被一時瞞過，必然便省悟，只是不肯認錯耳。今蔡、張兩人既死，江東無患矣，如何不賀喜？吾聞曹操換毛玠、于禁爲水軍都督，在這兩個手裡，好歹送了水軍性命。」

魯肅聽了，開口不得，把些言語支吾了半晌，別孔明而回。孔明囑曰：「望子敬在公瑾面前勿言亮先知此事。恐公瑾心懷妒忌，又要尋事害亮。」魯肅應諾而去，回見周瑜，把上項事只得實說了。瑜大驚曰：「此人決不可留！吾決意斬之！」肅勸曰：「若殺孔明，卻被曹操笑也。」瑜曰：「吾自有公道斬之，教他死而無怨。」肅曰：「以何公道斬之？」瑜曰：「子敬休問，來日便見。」

次日，聚衆將於帳下，教請孔明議事。孔明欣然而至。坐定，瑜問孔明曰：「即日將與曹軍交戰，水路交兵，當以何兵器爲先？」孔明曰：「大江之上，以弓箭爲先。」瑜曰：「先生之言，甚合吾意。但今軍中正缺箭用，敢煩先生盡造十萬枝箭，以爲應敵之具。此係公事，先生幸勿推卻。」孔明曰：「都督見委，自當效勞。敢問十萬枝箭，何時要用？」瑜曰：「十日之內，可辦完否？」孔明曰：「操軍即日將至，若候十日，必誤大事。」瑜曰：「先生料幾日可辦完？」孔明曰：「只消三日，便可拜納十萬枝箭。」瑜曰：「軍中無戲言。」孔明曰：「怎敢戲都督？願納軍令狀。三日不辦，甘當重罰。」

瑜大喜，喚軍政司，當面取了文書，置酒相待曰：「待軍事畢後，自有酬勞。」孔明曰：「今日已不及，來日造起。至第三日，可差五百小軍到江邊搬箭。」飲了數杯，辭去。魯肅曰：「此人莫非詐乎？」瑜曰：「他自送死，非我逼他。今明白對衆要了文書，他便兩脅生翅，也飛不去。我只分付軍匠人等，教他故意遲延，凡應用物件都不與齊備。如此，必然誤了日期。那時定罪，有何理說？公今可去探他虛實，卻來回報。」

肅領命來見孔明。孔明曰：「吾曾告子敬，休對公瑾說，他必要害我。不想子敬不肯爲我隱諱，今日果然又弄出事來。三日內如何造得十萬箭？子敬只得救我！」肅曰：「公自取其禍，我如何救得你？」孔明曰：「望子敬借我二十隻船。每船要軍士三十人，船上皆用青布爲幔，各束草千餘個，分布兩邊，吾自有妙用。第三日包管有十萬枝箭。只不可又教公瑾得知；若彼知之，吾計敗矣！」

肅允諾，卻不解其意，回報周瑜，果然不提起借船之事；只言孔明並不用箭竹、翎毛、膠、漆等物，自有道理。瑜大疑曰：「且看他三日後如何回覆我。」

卻說魯肅私自撥輕快船二十隻，各船三十餘人，並布幔束草等物，盡皆齊備，候孔明調用。第一日卻不見孔明動靜。第二日亦只不動。至第三日四更時分，孔明密請魯肅到船中。肅問曰：「公召我何意？」孔明曰：「特請子敬同往取箭。」肅曰：「何處去取？」孔明曰：「子敬休問，前去便見。」遂命將二十隻船，用長索相連，徑望北岸進發。是夜大霧漫天，長江之中，霧氣更甚，對面不相見。

孔明促舟前進，當夜五更時候，船已近曹操水寨。孔明教把船隻頭西尾東，一帶擺開，就船上擂鼓吶喊。魯肅驚曰：「倘曹兵齊出，如之奈何？」孔明笑曰：「吾料曹操於重霧中，必不敢出。吾等只顧酌酒取樂，待霧散便回。」

卻說曹寨中，聽得擂鼓吶喊，毛玠、于禁二人慌忙飛報曹操。操傳令曰：「重霧迷江，彼軍忽至，必有埋伏，切不可輕動；可撥水軍弓弩手亂箭射之。」又差人往旱寨內喚張遼、徐晃各帶弓弩軍三千，火速到江邊助射。比及號令到來，毛玠、于禁怕南軍搶入水寨，已差弓弩手在寨前放箭。

少頃，旱寨內弓弩手亦到，約一萬餘人。盡皆向江中放箭。箭如雨發。孔明教把船掉轉，頭東尾西，逼近水寨受箭，一面擂鼓吶喊。待至日高霧散，孔明令收船急回，二十隻船兩邊束草上，排滿箭枝。孔明令各船上軍士齊聲叫曰：「謝丞相箭！」比及曹軍寨內報知曹操時，這裡船輕水急，已放回二十餘里。追之不及，曹操懊悔不已。

卻說孔明回船謂魯肅曰：「每船上箭約五六千矣。不費江東半分之力，已得十萬餘箭。明日即將來射曹軍，卻不甚便？」魯肅拜服。

船到岸時，周瑜已差五百軍在江邊等候搬箭。孔明教於船上取之，可得十萬餘枝，都搬入中軍帳交納。魯肅入見周瑜，備說孔明取箭之事。瑜大驚，慨然嘆曰：「孔明神機妙算，吾不如也！」

結構分析表

- 目
  - 因（知計）
    - 因
      - 因：「話說曹操……便當回報」
      - 果：「卻說魯肅……只得實說了」
    - 果：「瑜大驚曰……來日便見」
  - 果（借箭）
    - 收：「次日……如何回覆我」
    - 縱
      - 先：「卻說魯肅……對面不相見」
      - 中（同時分地）
        - 草船：「孔明促舟……霧散便回」
        - 曹寨：「卻說曹寨中……寨前放箭」
      - 後：「少頃……取箭之事」
- 凡（神機妙算）：「瑜大驚……吾不如也」

說明

這則從《三國演義》中摘錄出來的故事，是由兩個小故事串聯起來的，藉著故事的發展，

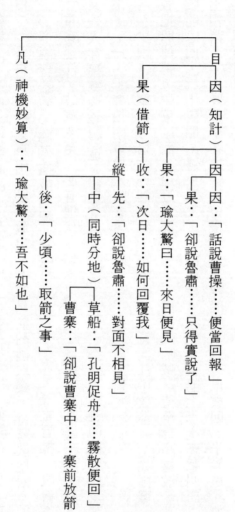

將孔明的神機妙算鋪寫得令人嘖嘖稱奇，作者的生花妙筆，眞是教人嘆服。

作者首先描寫的是周瑜耍了一個成功的反間計，但是這個反間計偏偏瞞不過孔明，使得周瑜對孔明既驚且妒，決意要尋事置孔明於死地，也因此帶出下一個草船借箭的故事。一開始，孔明擺出哀兵的姿態，表示事態嚴重，其實這只是「收」而已；接下來，孔明的計策步步實現（縱），先是趁霧氣甚重時，發動船隻逼近曹寨；接著令士兵擂鼓吶喊，誘使曹軍放箭，此時作者用了「同時分地」的寫作手法，使得讀者彷彿同時看到草船上和曹寨中的種種動靜；最後草船「滿載而歸」，孔明的任務圓滿達成。

在篇末的部分，作者藉著周瑜之口，道出這樣的讚嘆：「孔明神機妙算，吾不如也！」以此收結前面的兩個故事，留給讀者的是滿腔的驚奇與佩服。

△宋濂〈秦士錄〉

鄧弼，字伯翊，秦人也。身長七尺，雙目有紫稜，開闔閃閃如電。能以力雄人：鄰牛方鬥，不可擘，拳其脊，折仆地；市門石鼓，十人舁，弗能舉，兩手持之行。然好使酒，怒視人，人見輒避曰：「狂生不可近，近則必有奇辱。」一日獨飲娼樓，蕭、馮兩書生過其下，急牽入共飲；兩生素賤其人，力拒之；弼怒曰：「君終不我從，必殺君！亡命走山澤耳，不能忍君苦也！」兩生不得已從之。弼自據中延，指左右，揖兩生坐，呼酒嘯歌以爲樂；酒酣，解衣箕踞，拔刀置案上，鏗然鳴；兩生雅聞其酒狂，欲起走，弼止之曰：「勿走也，弼亦粗知書，君何至相視如涕唾？今日非速君飲，欲稍吐胸中不平氣耳！四庫書從君問，即不能答，當血是刃。」兩生曰：「有是哉！」遽摘七經數十義叩之，弼歷舉傳疏，不遺一言；復詢歷代史，上下三千年，纚纚如貫珠。弼笑曰：「君等伏乎未也？」兩生相顧慘沮，不敢再有問。弼索酒披髮跳叫曰：「吾今日壓倒老生矣！古者學在養氣，今人一服儒衣，反奄奄欲絕，徒欲馳騁文墨，兒撫一世豪傑，此何可哉？此何可哉？君等休矣。」兩生素負多才藝，聞弼言大愧，下樓足不得成步，歸詢其所與遊，亦未嘗見其挾册呻吟也！

泰定末，德王執法西御史臺，弼造書數千言袖謁之，閽卒不爲通。弼曰：「若不知關中有鄧伯翊耶？」連擊踣數人，聲聞於王，王令隸人捽入，欲鞭之。弼盛氣曰：「公奈何不禮壯士？今天下雖號無事，東海島夷，尚未臣順，間者駕海艦互市於鄞，即不滿所欲，出火刀斫柱，殺傷我中國民，諸將軍控弦引矢，追至大洋，且戰且卻，其虧國體爲已甚。西南諸蠻，雖曰稱臣奉貢，乘黃屋左纛，稱制與中國等，尤志士所同憤。誠得如弼者一二輩，驅十萬橫磨劍伐之，則東西止日所出入，莫非王土矣！公奈何不禮壯士？」庭中人聞之，皆縮頸吐舌，舌久不能收。王曰：「爾自號壯士，解持矛鼓譟，前登堅城乎？」曰：「能！」「百萬軍中可刺大將乎？」曰：「能！」「突圍潰陣得保首領乎？」曰：「能！」王顧左右曰：「姑試之。」問所需，曰：「鐵鎧良馬各一，雌雄劍二。」王即命給予。陰戒善槊者五十人，馳馬出東門外，然後遣弼往。王自臨觀，空一府隨之。暨弼至，衆槊並進；弼虎吼而奔，人馬辟易五十步，面目無色；已而煙塵漲天，但見雙劍飛舞雲霧中，連斫馬首墮地，血涔涔滴。王撫髀驩曰：「誠壯士！誠壯士！」一命酌酒勞弼，弼立飲不拜。由是狂名振一時，至比之王鐵鎗云。

王上章薦諸天子，會丞相與王有隙，格其事不下。弼環視四體，嘆曰：「天生一具銅觔鐵肋，不使立勳萬里外，乃槁死三尺蒿下，命也！亦時也！尚何言！」遂入王屋山爲道士；後十年終。

史官曰：「弼死未二十年，天下大亂，中原數千里，人影殆絕。玄鳥來，亦失其家，競棲林木間。使弼在，必當有以自見，惜哉！弼鬼不靈則已；若有靈，吾知其怒髮上衝也！」

結構分析表

- 敘
  - 因
    - 點：「鄧弼」三句
    - 染
      - 外貌：「身長七尺」三句
      - 本領
        - 武
          - 因：「能以力雄人……持之行」
          - 果：「然好使酒……欲起走」
        - 文
          - 因：「弼止之曰……君等休矣」
          - 果：「兩生素負……挾册呻吟也」
  - 果
    - 因
      - 因
        - 先：「泰定末……欲鞭之」
        - 中：「弼盛氣曰……一府隨之」
        - 後：「暨弼至……立飲不拜」
      - 果：「由是狂名振一時」二句
    - 果：「王上章……後十年終」
- 論
  - 目
    - 實：「史官曰……林木間」
    - 虛：「使弼在」二句
  - 凡：「惜哉」四句

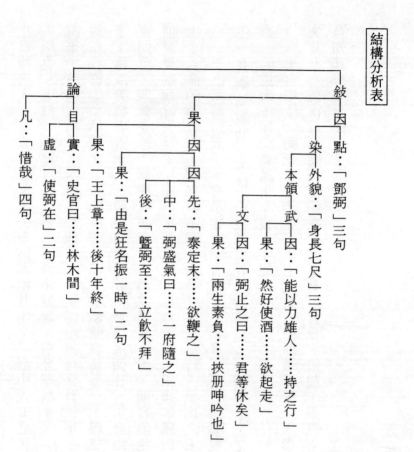

說明

此文記述鄧弼的一生，情節出奇，但終歸不遇，引人嘆惋。

首先作者就鄧弼平居鄉間時的行爲寫起。文章一開始，「鄧弼」三句，是先「點」一筆；接著就從「外貌」和「本領」來「染」。對鄧弼外貌的描述，只有短短三句而已，但是寫得精神飛動；不過，眞正的重心在於他的本領，因此在這裡花了較多的篇幅。作者先就鄧弼本領中「武」的一面來描述：鄧弼「能以力雄人」是「因」，然後藉著「好使酒」爲手段，寫出鄧弼獨飲娼樓、强邀兩書生，並拔刀置案上的行徑（果），此時，鄧弼在武功方面的表現仍只是「以力雄人」而已。其次，延續飲酒娼樓之事，以對話來連接，刻畫出鄧弼博聞强記（因），讓素負多才藝的兩書生慚愧不已（果），此段乃是針對鄧弼本領中「文」的方面來描寫。

如果鄧弼的表現只止於此的話，可能也無足稱述；但是作者馬上轉入一個大場面，讓鄧弼的本領能作較大的發揮。而且如果沒有前面的敍述作鋪墊，那麼此時鄧弼的傑出表現也不知所從來，所以前爲「因」、此爲「果」。

這個大場面是德王的官邸，作者以「順敍」的手法，帶出鄧弼的膽量（直闖德王官邸）、見識（歷數邊境狀況）、武功（一敵五十），並讚嘆道：「狂名振一時」。不過，情節發展下去，卻是「格其事不下」，鄧弼「入王屋山爲道士，後十年終」。這一大段篇幅，是以「先因後果」的結構組織起來的；作者如此刻畫鄧弼的本領，讓人對鄧弼可能有安邦定國的表現充滿期待，但是結果卻是一切成空，落差如此之大，等於是爲篇末的感嘆蓄勢。最後，作者借史官之口，用事實與假設作一對照，對鄧弼的不遇寄予無限的同情：「惜哉！弼鬼不靈則已；若有靈，吾知其怒髮上衝也。」而作者的惜才、愛才之心，也就流露無遺了。

劉基〈賣柑者言〉△

杭有賣果者，善藏柑，涉寒暑不潰，出之燁然，玉質而金色。置于市，賈十倍，人爭鬻之。予貿得其一，剖之，如有煙撲口鼻。視其中，則乾若敗絮。予怪而問之曰：「若所市於人者，將以實籩豆、奉祭祀、供賓客乎？將衒外以惑愚瞽也？甚矣哉！爲欺也。」

賣者笑曰：「吾業是有年矣，吾賴是以食吾軀。吾售之，人取之，未嘗有言。而獨不足於子乎！世之爲欺者不寡矣，而獨我也乎？吾子未之思也！今夫佩虎符、坐臯比者，洸洸乎干城之具也，果能授孫、吳之略耶？峨大冠、拖長紳者，昂昂乎廟堂之器也，果能建伊、皋之業耶？盜起而不知禦，民困而不知救，吏姦而不知禁，法斁而不知理，坐糜廩粟而不知恥。觀其坐高堂、騎大馬、醉醇醴而飫肥鮮者，孰不巍巍乎可畏，赫赫乎可象也！又何往而不金玉其外、敗絮其中也哉！今子是之不察，而以察吾柑。」

予默然無以應。退而思其言，類東方生滑稽之流。豈其憤世疾邪者耶？而託于甘以諷耶？

結構分析表

- 因
  - 因：「杭有賣果……乾若敗絮」
  - 果
    - 立（問）：「予怪而問……爲欺也」
    - 破（答）
      - 目
        - 賓（賣柑）：「賣者笑曰……未之思也」
        - 主（欺世）：「今夫佩虎符……其中也哉」
      - 凡：「今子是之不察」二句
- 果：「予默然……以諷耶」

說明

這是一篇寓言故事，所以首先要做到的，是故事要說得精警動人；不過，最重要的還是要讓讀者體會到故事的言外之意。從這兩個標準來檢驗此文，發現作者都做到了。一起筆，作者就敍出一賣果的異事，逗起讀者的興趣（因）。接著，馬上乾淨俐落地一筆轉開，引入後續發展（果）。

在這一部份中，作者用一問一答的方式來連接，不過，除了問答之外，彼此之間更形成了「先立後破」的關係。「予怪而問之」一段是「立」，認爲賣柑者的行爲近於欺騙，其中提出「欺」字，吳楚材稱：「通篇俱從此發論。」（見《古文觀止》）而接著賣柑者的回答，則是「破」此說。但是怎麼「破」呢？首先賣柑者否認所爲是欺騙，但這只是「賓」而已，下文歷數文臣武將之欺世盜名，才是眞正的欺騙，此方爲「主」，最後賣柑者以二語作一總括：「今子是之不察，而以察吾柑。」吳楚材評道：「作反詰語，極冷雋。」（見《古文觀止》）

前面這一大段篇幅所敍都是「因」，最終目的在於逼出作者的一句話：「託于柑以諷耶？」（果）有所規諷，才是此篇寓言的眞正用心所在；因此王文濡說道：「青田此言，爲世人盜名者發，而借賣柑影喩。」（見《古文觀止》）讀之發人深省。

顧炎武〈廉恥〉

《五代史・馮道傳論》曰：「『禮、義、廉、恥，國之四維；四維不張，國乃滅亡。』善乎管生之能言也！禮、義，治人之大法；廉、恥，立人之大節。蓋不廉則無所不取，不恥則無所不爲。人而如此，則禍敗亂亡，亦無所不在。況爲大臣而無所不取，無所不爲，天下其有不亂，國家有不亡者乎？」

然而四者之中，恥尤爲要，故夫子之論士曰：「行己有恥。」孟子曰：「人不可以無恥。無恥之恥，無恥矣！」又曰：「恥之於人大矣！爲機變之巧者，無所用恥焉！」所以然者，人之不廉而至於悖禮犯義，其原皆生於無恥也。故士大夫之無恥，是謂國恥。

吾觀三代以下，世衰道微，棄禮義，捐廉恥，非一朝一夕之故。然而松柏後凋於歲寒，雞鳴不已於風雨，彼衆昏之日，固未嘗無獨醒之人也。

頃讀顏氏家訓，有云：「齊朝一士夫，嘗謂吾曰：『我有一兒，年已十七，頗曉書疏。教其鮮卑語及彈琵琶，稍欲通解，以此伏事公卿，無不寵愛。』吾時俯而不答。異哉！此人之教子也！若由此業，自致卿相，亦不願汝曹爲之！」嗟乎！之推不得已而仕於亂世，猶爲此言，尚有《小宛》詩人之意；彼闇然媚於世者，能無愧哉？

結構分析表

- 論
  - 凡：「五代史……能言也」
  - 目
    - 平提（禮義廉恥）：「禮義……之大節」
    - 側注（廉恥）：「蓋不廉……不亡者乎」
    - 側注（恥）：「然而……是謂國恥」
- 敘
  - 全
    - 反（衆昏）：「吾觀三代……之故」
    - 正（獨醒）：「然而……獨醒之人也」
  - 偏
    - 目
      - 反（昏）：「頃讀……無不寵愛」
      - 正（醒）：「吾時……汝曹爲之」
    - 凡：「嗟乎……無愧哉」

說明

這篇文章是以「先論後敘」的方式組織起來的。在「論」的部分，形成的是「先凡後

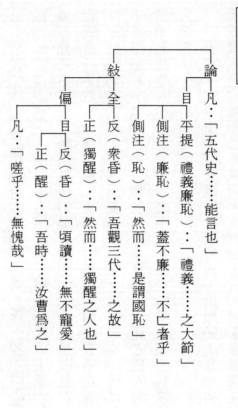

目」的結構，也就是作者先引用管生之語作個總括，以見得「禮義廉恥」的重要（凡）；而其後「目」的部分，比較特別的是作者以「平提」之後兩次「側注」，來强調出「恥」的獨特價值，我們可以這樣地表示出它們之間的關係：「禮義、廉恥」→「廉、恥」→「恥」，所以可以很明顯地看出：焦點是越來越集中在「恥」上，因此當主旨「人之不廉以至於悖禮犯義，其原皆生於無恥也」出現時，就顯得理所當然了。

至於「敍」的部分，則是形成「由全而偏」的關係。作者先就全體（三代以下）來作個整體性的觀照，而且正反對比之下，作者的褒貶之意不言自明。然後再將範圍縮小到北齊顏之推之時（偏），同樣地是以「昏」（無恥）、「醒」（有恥）作個對照，並於篇末總收，讚美顏之推，譴責「闇然媚於世者」，並寓有警惕世人之意。

此文將先賢之言作有機的組合，完全發揮了「引用」格訴諸權威的優點，與作者的狷介人格配合得天衣無縫，造成一種剛正挺拔的風格，百年之下，尚凜凜有生氣。

方苞〈左忠毅公軼事〉

先君子嘗言，鄉先輩左忠毅公視學京畿。一日，風雪嚴寒，從數騎出，微行，入古寺。廡下一生伏案臥，文方成草。公閱畢，即解貂覆生，爲掩戶，叩之寺僧，則史公可法也。及試，吏呼名，至史公，公瞿然注視。呈卷，即面署第一；召入，使拜夫人，曰：「吾諸兒碌碌，他日繼吾志事，惟疑生耳。」

及左公下廠獄，史朝夕窺獄門外。逆閹防伺甚嚴，雖家僕不得近。久之，聞左公被炮烙，旦夕且死，持五十金，涕泣謀於禁卒，卒感焉。一日，使史公更敝衣草履，背筐，手長鑱，爲除不潔者，引入，微指左公處，則席地倚牆而坐，面額焦爛不可辨，左膝以下，筋骨盡脫矣。史前跪，抱公膝而嗚咽。公辨其聲，而目不可開，乃奮臂以指撥眥，目光如炬，怒曰：「庸奴！此何地也，而汝來前！國家之事，糜爛至此。老夫已矣，汝復輕身而昧大義，天下事誰可支拄者！不速去，無俟姦人構陷，吾今即撲殺汝。」因摸地上刑械，作投擊勢。史噤不敢發聲，趨而出。後常流涕述其事以語人曰：「吾師肺肝，皆鐵石所鑄造也！」

崇禎末，流賊張獻忠出沒蘄、黃、潛、桐間，史公以鳳廬道奉檄守禦，每有警，輒數月不就寢，使將士更休，而自坐幄幕外，擇健卒十人，令二人蹲踞，而背倚之，漏鼓移，則番代。每寒夜起立，振衣裳，甲上冰霜迸落，鏗然有聲。或勸以少林，公曰：「吾上恐負朝廷，下恐愧吾師也。」

史公治兵，往來桐城，必躬造左公第，候太公、太母起居，拜夫人於堂上。

余宗老塗山，左公甥也，與先君子善，謂獄中語乃親得之於史公云。

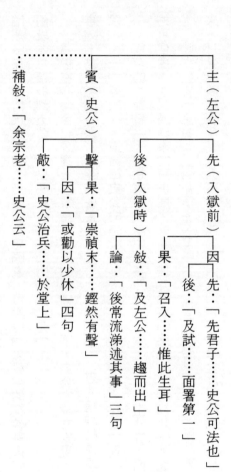

結構分析表

- 主（左公）
  - 先（入獄前）
    - 因
      - 先：「先君子……史公可法也」
      - 後：「及試……面署第一」
    - 果：「召入……惟此生耳」
  - 後（入獄時）
    - 敘：「及左公……趨而出」
    - 論：「後常流涕述其事」三句
- 賓（史公）
  - 擊
    - 果：「崇禎末……鏗然有聲」
    - 因：「或勸以少休」四句
  - 敲：「史公治兵……於堂上」
- 補敘：「余宗老……史公云」

說明

陳滿銘說道：「縱觀此文，作者始終是針對著『忠毅』二字來寫的。其中寫左公『忠毅』的部分是『主』，而寫史公『忠毅』的部分則爲『賓』；也就是說，寫史公的『忠毅』，便等於在寫左公的『忠毅』，這樣『借賓以定主』，使主旨充分的顯現於篇外，手段是相當高明的。」（見陳滿銘《文章結構分析——以中學國文課文爲例》）掌握好這個觀點，這篇文章的精采處，就可以被抉發出來了。

因此我們可以看到：此文的第一段，敍寫左公於風雪嚴寒中，仍視學京畿，由此可見其「毅」；而且爲國惜才、舉才，可見其「忠」。第二段寫史公入獄、左公冒死探監，這才是眞正的「軼事」（因爲要符合軼事「不爲人知」的特點），而且整個事件中，更可看出在極端艱險痛苦的情況下，左公仍念念不忘國家，可說將「忠毅」的精神發揮到極致了。所以這兩段雖然帶敍到史公，但主要在敍寫左公的忠毅，是「主」。

隨後重心轉至史公身上，敍寫在左公的精神感召下，史公忠毅的表現。作者首先從「國事」上寫史公的忠毅，又從「家事」上寫史公的不忘本（忠毅精神的源頭），因此一「正擊」、一「旁敲」，描繪出史公的忠毅身影，與左公相互輝映，此爲「賓」。

篇末的「補敍」，則在表明此獄中軼事乃是有所本，絕非憑空杜撰，因此大爲提高軼事的可信度；而提高軼事的可信度，就等於提升軼事的感染力。所以此一補敍是絕對必要的。

此文主旨「忠毅」二字並未在文中出現，而是在題目中標明。雖然如此，全文一氣讀來，只覺忠毅精神流貫，其可驚可佩，令人低回再三（本文許多觀點本自於陳滿銘）。

曹雪芹〈劉老老遊大觀園〉

這日天氣清朗，李紈清晨起來，看著老婆子、丫頭們掃那些落葉，並擦抹桌椅，預備茶酒器皿。祇見豐兒帶了劉老老、板兒進來，説：「大奶奶倒忙的緊。」李紈笑道：「我説你昨兒去不成，祇忙著要去。」劉老老笑道：「老太太留下我，叫我也熱鬧一天去。」豐兒拿了幾把大小鑰匙，説道：「我們奶奶説了：外頭的高几兒怕不夠使，不如開了樓，把那收的搬下來使一天罷。奶奶原該親自來的，因和太太説話呢。請大奶奶開了，帶著人搬罷。」李紈便命素雲接了鑰匙，又命婆子出去，把二門上小廝叫幾個來，李紈站在大觀樓下，往上看著，命人去開了綴錦閣，一張一張的往一抬。小廝、老婆子、丫頭，一齊動手，抬了二十多張下來。李紈道：「好生著！別慌慌張張，鬼趕著似的！仔細掽了牙子！」又回頭向劉老老笑道：「老老也上去瞧瞧。」劉老老聽説，巴不得一聲兒，拉了板兒，登梯上去；這裡面，祇見黑壓壓的，堆著些圍屏、桌、椅、大小花燈之類，雖不大認爲，祇見五彩閃爍，各有奇妙；念了幾聲佛，便下來了。然後鎖上門一齊下來。李紈道：「恐怕老太太高興，越發把船上划子、篙、槳、遮陽幔子，都搬下來預備著。」衆人答應，又復開了門，色色的搬了下來，命小廝傳駕娘們，到船隖裡撐出兩隻船來。

正亂著，祇見賈母已帶了一羣人進來了，李紈忙迎上去，笑道：「老太太高興，倒進來了；我祇當還沒有梳頭呢，才掐了菊花要送去。」一面說，一面碧月早已捧過一個大荷葉式的翡翠盤子來，裡面養著各色折枝菊花。賈母便揀了一朵大紅的，簪在鬢上；因回頭看見了劉老老，忙笑道：「過來帶花兒。」一語未完，鳳姐兒便拉過劉老老來，笑道：「讓我打扮你老人家！」說著把一盤子花，橫三豎四的插了一頭。賈母和衆人笑的了不得。劉老老笑道：「我這頭也不知修了什麼福，今兒這樣體面起來！」衆人笑道：「你還不拔下來摔到他臉上呢！把你打扮的成了老妖精了！」劉老老笑道：「我雖老了，年輕時也風流，愛個花兒粉兒的，今兒索性做個老風流！」

說笑間，已來至沁芳亭上，丫鬟們抱了個大錦褥子來，鋪在闌干榻板上，賈母倚闌坐下，命劉老老也坐在旁邊。因問他：「這園子好不好？」劉老老念佛，說道：「我們鄉下人到了年下，都上城來買畫兒貼。閒了的時候兒，大家都說：怎麼得到畫兒上逛逛！想著畫兒也不過是假的，那裡有這個真地方兒？誰知今兒進這園裡一瞧，竟比那畫兒還强十倍！怎麼得有人也照著這園子畫一張，我帶了家去，給他們見見，死了也得好處！」賈母聽說，指著惜春笑道：「你瞧，我這個小孫女兒，他就會畫，等明兒叫他畫一張，如何？」劉老老聽了，喜的忙跑過來拉著惜春，說道：「我的姑娘！你這麼大年紀兒，又這麼個好模樣兒，還有這個能幹，別是個神仙託生的罷！」

賈母衆人都笑了。歇了歇，又領著劉老老都見識見識。先到了瀟湘館，一進門，祇見兩邊翠竹夾路，土地下蒼苔布滿，中間羊腸一條石子漫的甬路，劉老老讓出路來與賈母衆人走，自己卻走土地。琥珀拉他道：「老老，你上來走，看青苔滑倒了！」劉老老道：「不相干，我們走熟了的。姑娘們只管走罷，可惜你們的那鞋，別沾了泥！」他祇顧上頭和人說話，不防腳底下果踩滑了，咕咚一交跌倒，衆人都拍手呵呵的大笑。賈母笑罵道：「小蹄子們！還不攙起來，祇站著笑！」說話時，劉老老已爬起來了，自己也笑了，說道：「才說嘴，就打了嘴了！」賈母問他：「可扭了腰？叫丫頭們搥搥。」劉老老道：「那裡說的我這麼嬌嫩了？那一天不跌兩下子，都要搥起來，還了得呢！」紫鵑早打起湘簾；賈母等進來坐下。黛玉親自用小茶盤捧了一蓋碗茶來奉與賈母。王夫人道：「我們不吃茶，姑娘不用倒了。」黛玉聽說，便命丫頭把自己窗下常坐的一張椅子挪到下手，請王夫人坐了。劉老老因見窗下案上設著筆硯，又見書架上放著滿滿的書，便問道：「這必定是那位哥兒的書房了？」賈母笑指黛玉道：「這是我這外孫女兒的屋子。」劉老老留神打量了黛玉一番，方笑道：「這那裡像個小姐的繡房，竟比那上等的書房還好！」賈母因問：「寶玉怎麼不見？」衆丫頭們答說：「在池子裡船上呢。」賈母道：「誰又預備下船了？」李紈忙回說：「才開樓拿的。我恐怕老太太高興，就預備下了。」賈母聽了，方欲說話時，有人回說：「姨太太來了。」賈母等剛站起來，祇見薛姨媽早進來了。一面歸坐，笑道：「今兒老太太高興，這早晚就來了？」賈母笑道：「我才說來遲了的要罰他，不想姨太太就來遲了！」

說笑一回，賈母便道：「這屋裡窄，再往別處逛去罷。」劉老老笑道：「人人都說：『大家子住大房。』昨兒見了老太太正房，配上大箱、大櫃、大桌子、大床，果然威武。那櫃子比我們一間房子還大、還高。怪道後院子裡有個梯子，我想又不上屋曬東西，預備這梯子做什麼？後來我想起來，定是爲開頂櫃，取東西。離了那梯子，怎麼上得去呢？如今又見了這小屋子，更比大的越發齊整了，滿屋裡東西，都祇好看，可不知叫什麼。我越看越捨不得離了這裡！」鳳姐道：「還有好的呢，我都帶你去瞧瞧。」說著一徑離了瀟湘館。遠遠望見，池中一羣人在那裡撐船。賈母道：「他們既備下船，咱們就坐一回。」說著，向紫菱洲、蓼漵一帶走來。未至池前，祇見幾個婆子手裡都捧著一色攝絲戧金五彩大盒子走來。鳳姐忙問王夫人：「早飯在那裡擺？」王夫人道：「問老太太在那裡，就在那裡罷了。」賈母聽說，便回頭道：「你三妹妹那裡好，你就帶了人擺去，我們從這裡坐了船去。」

鳳姐兒聽說，便回身同了李紈、探春、鴛鴦、琥珀，帶著端飯的人等，抄著近路，到了秋爽齋，就在曉翠堂上調開桌案。鴛鴦笑道：「天天咱們說，外頭老爺們，吃酒吃飯，都有個湊趣兒的，拿他取笑兒。咱們今兒也得了一個女清客了！」李紈是個厚道人，倒不理會。鳳姐兒卻知說的是劉老老了。笑道：「咱們今兒就拿他取個笑兒。」二人便如此這般商議。李紈笑勸道：「你們一點好事兒不做！又不是個小孩兒，還這麼淘氣。仔細老太太說！」鴛鴦笑道：「很不與大奶奶相干，有我呢。」正說著，祇見賈母等來了，各自隨便坐下。先有丫鬟挨人遞了茶來。大家吃畢，鳳姐手裡拿著西洋布巾，裹著一把烏木三鑲銀箸，按席擺下。賈母說：「把那一張小楠木桌子抬過來，讓劉親家挨著我這邊坐。」衆人聽說，忙抬了過來。鳳姐一面遞眼色與鴛鴦，鴛鴦便忙拉劉老老出去，悄悄的囑咐了劉老老一席話；又說：「這是我們家的規矩，若要錯了，我們就笑話呢。」調停已畢，然後歸坐。薛姨媽是吃過飯來的，不吃了，祇坐在一邊吃茶。賈母帶著寶玉、湘雲、黛玉、寶釵一桌。王夫人帶著迎春姐妹三人一桌。劉老老挨著賈母一桌。

賈母素日吃飯，皆有小丫鬟在旁邊拿著漱盂、麈尾、巾帕之物。如今鴛鴦是不當這差的了，今日偏接過麈尾來拂著。丫鬟們知他要捉弄劉老老，便躲開讓他。鴛鴦一面侍立，一面遞眼色。劉老老道：「姑娘放心。」那劉老老入了坐，拿起箸來，沈甸甸的，不伏手。原是鳳姐和鴛鴦商議定了，單拿了一雙老年四楞象牙鑲金的筷子與劉老老。劉老老見了，說道：「這個叉巴子，比我們那裡的鐵掀還沈。那裡拿的動他！」說的衆人都笑起來。祇見一個媳婦，端了一個盒子，站在當地；一個丫鬟上來揭去盒蓋，裡面盛著兩碗菜，李紈端了一碗放在賈母桌上，鳳姐偏揀了一碗鴿蛋放在劉老老桌上。賈母這邊說聲「請」，劉老老便站起身來，高聲說道：「老劉！老劉！食量大如牛；吃個老母豬不抬頭！」說完，卻鼓著腮幫子，兩眼直視，一聲不語。衆人先還發怔，後來一想，上上下下都一齊哈哈大笑起來。湘雲撐不住，一口飯都噴出來。黛玉笑岔了氣，伏著桌子，口叫「噯喲！」寶玉滾到賈母懷裡；賈母笑的摟著寶玉叫「心肝！」王夫人笑的用手指著鳳姐兒，卻說不出話來。薛姨媽也撐不住，口裡的茶，噴了探春一裙子。探春手裡的飯碗，都合在迎春身上。惜春離了坐位，拉著他的奶母，叫揉揉腸子。

地下無一個不彎腰屈背，也有躲出去蹲著笑去的，也有忍著笑，上來替她姐妹換衣裳的。獨有鳳姐、鴛鴦二人撐著，還衹管讓劉老老。劉老老拿起箸來，衹覺不聽使，又道：「這裡的雞兒也俊，下的這蛋也小巧，怪俊的。我且得一個兒！」衆人方住了笑，聽見這話，又笑起來。賈母笑的眼淚出來，衹忍不住，琥珀在後邊搥著。賈母笑道：「這定是鳳丫頭促狹鬼兒鬧的！快別信他的話了！」那劉老老正誇雞蛋小巧，鳳姐兒笑道：「一兩銀子一個呢，你快嘗嘗罷，冷了就不好吃了。」劉老老便伸筷子要夾，那裡夾得起來。滿碗裡鬧了一陣，好容易撮起一個來，才伸著脖子要吃，偏又滑下來，滾在地下；忙放下筷子，要親自去拾，早有地下的人拾了出去了。劉老老嘆道：「一兩銀子，也沒聽見個響聲兒就沒了！」衆人已沒心吃飯，都看著他取笑。賈母又說：「誰這會子又把那個筷子拿了出來？又不請客，擺大筵席，都是鳳丫頭支使的。還不換了呢！」地下的人原不曾預備這牙箸，本是鳳姐同鴛鴦拿了來的，聽如此說，忙收了過去，也照樣換上一雙烏木鑲銀的。劉老老道：「去了金的，又是銀的，到底不及俺們那個伏手。」鳳姐兒道：「菜裡要有毒，這銀子下去了，就試的出來。」劉老老道：「這個菜裡有毒？我們那些都成了砒霜了！那怕毒死了，也要吃盡了！」賈母見他如此有趣，吃的又香甜，把自己的菜也都端過來與他吃；又命一個老嬤嬤來，將各樣的菜給板兒夾在碗上。一時吃畢，賈母等都往探春臥室中去閒話。

結構分析表

- 一（綴錦閣）
  - 搬東西：「這日天氣清朗……兩隻船來」
  - 戴花：「正亂著……做個老風流」
- 二（沁芳亭）：「說笑間……神仙託生的罷」
- 三（瀟湘館）：「賈母衆人……就來遲了」
- 接榫：「說笑一回……坐了船去了」
- 四（秋爽齋）
  - 設計：「鳳姐兒聽說……挨著賈母一桌」
  - 捉弄：「賈母素日吃飯……臥室中去閒話」

說明

劉老老是一個深諳世情、大智若愚的老太太，在陪著賈母遊園的過程中，時時湊趣說笑，逗得賈母心花怒放。作者依據時間的流逝、空間的轉變，來依序鋪陳整個故事，而且時時安排小小的高潮吸引讀者的興趣，譬如鳳姐插了劉老老滿頭菊花、劉老老滑了一跤……等等；不過，全文最精采的地方，應該是「四（秋爽齋）」那一段，劉老老隨機應變、自嘲娛人，大觀園諸人嘻笑嘲弄，個個活靈活現，如在眼前。

在整個敍述過程中，幾乎不夾有作者主觀的情感，只是像鏡子般如實地呈現；但是就是因爲如此，讀者反而領會得更多、更深刻。

劉大櫆〈騾說〉△

乘騎者皆賤騾而貴馬。

夫煦之以恩，任其然而不然；迫之以威，使之然而不得不然者，世之所謂賤者也。煦之以恩，任其然而然；迫之以威，使之然而愈不然，行止出於其心而堅不可拔者，世之所謂貴者也。然則馬賤而騾貴矣。

雖然，今天軼之而不善，櫝楚以威之而可以入之善者，非人耶？人豈賤於騾哉？

然則騾之剛愎自用，而自以爲不屈也久矣。嗚呼！此騾之所以賤於馬歟！

結構分析表

立：「乘騎著皆賤騾而貴馬」
破
　一
　　目
　　　賤：「夫煦之以恩……所謂賤者也」
　　　貴：「煦之以恩……所謂貴者也」
　　凡：「然則馬賤而騾貴矣」
　二：「雖然……賤於騾哉」
立：「然則騾之……賤於馬歟」

說明

此文不足兩百字，短小精悍，文意轉折處，極堪玩味。

首先作者以一句「立」案：「乘騎者皆賤騾而貴馬」。這是一個普遍的、大家習以爲常的現象，但是作者隨後「破」此說的理由，卻令人深思。

在第一個理由中，作者提出世人對「賤」與「貴」的定義，但是若據此定義來推演，那麼「馬賤而騾貴矣」，此爲「破一」；接著，作者又說道人的特性，剛好又是「軼之而不善，榎楚以威之而可以入之善」，這麼說來，豈不是「人賤於騾」了嗎？顯然這又與人類的自尊心理相牴觸，因此是「破二」。

連連破解了「騾賤馬貴」的說法，看來好像「翻案成功」了，可是此時作者卻又來個大逆轉：「然則騾之剛愎自用，而自以爲不屈也久矣。嗚呼！此騾之所以賤於馬歟？」因此畢竟「騾賤而馬貴」啊！

此文名爲「騾說」，其實卻是談如何賞識、對待人才，「騾」就是所有有品格、有操守、不屈不媚的人才的化身；所以，從這個角度來看待文章「立—破—立」之間的轉折，會發現「立」是作者的反諷，「破」才是作者的眞意，這種微妙的言外之意，唯賴讀者細心體會，而這正是本文最有趣、最吸引人的地方。

△吳敬梓〈范進中學〉

范進進學回家，母親妻子，俱各歡喜。正待燒鍋做飯，只見他丈人胡屠戶，手裡拿著一副大腸和一瓶酒，走了進來。范進向他作揖，坐下。胡屠戶道：「我自倒運，把個女兒嫁與你這現世寶、窮鬼，歷年以來，不知累了我多少。如今不知我因積了什麼德，帶挈你中了個相公，我所以帶個酒來賀你。」范進唯唯連聲。叫渾家把腸子煮了，燙起酒來，在茅草棚下坐著。母親自和媳婦在廚下造飯。胡屠戶又吩咐女婿道：「你如今既中了相公，凡事要立起個體統來。比如我這行事裡都是些正經有臉面的人，又是你的長親，你怎敢在我們跟前裝大；若是家門口這些做田的、扒糞的，不過是平頭百姓，你若同他拱手作揖，平起平坐，這就是壞了學校規矩，連我臉上都無光了。你是個爛忠厚沒用的人，所以這些話我不得不教導你，免得惹人笑話。」范進道：「岳父見教的是。」胡屠戶又道：「親家母也來這裡坐著喫飯。老人家每日小菜飯，想也難過。我女孩兒也喫些。自從進了你家門，這十幾年，不知豬油可曾喫過兩三回哩？可憐！可憐！」說罷，婆媳兩個，都來坐著喫了飯。喫到日西時分，胡屠戶喫的醺醺的，這裡母子兩個，千恩萬謝。屠戶橫披了衣服，腆著肚子去了。

次日，范進少不得拜拜鄉鄰。魏好古又約了一班同案的朋友，彼此來往。因是鄉試年，做了幾個文會。不覺到了六月盡頭，這些同案的人約范進去鄉試。范進因沒有盤費，走去同丈人商議，被胡屠戶一口啐在臉上，罵了一個狗血噴頭道：「不要失了你的時了！你自己只覺得中了一個相公，就『癩蝦蟆想喫起天鵝屁』！我聽見人說，就是中相公時，也不是你的文章，還是宗師看見你老，不過意，捨與你的。如今癡心就想中起老爺來。這些中老爺的都是天上的文曲星。你不看見城裡張府上那些老爺，都有萬貫家私，一個個方面大耳。像你這尖嘴猴腮，也該撒泡尿自己照照；不三不四，就想天鵝屁喫。趁早收了這心，明年在我們行事裡替你尋一個館，每年尋幾兩銀子養活你那老不死的老娘和你老婆是正經。你問我借盤纏，我一天殺一個豬還賺不到錢把銀子，都把與你去丟在水裡，叫我一家老小嗑西北風。」一頓夾七夾八，罵的范進摸門不著。辭了丈人回來，自心裡想：「宗師說我火候已到，自古無場外的舉人，如不進去考他一考，如何甘心？」因向幾個同案商議，瞞著丈人，到城裡鄉試。出了場，即便回家，家裡已是餓了兩、三天，被胡屠戶知道，又罵了一頓。

到了出榜那日，家裡沒有早飯米，母親吩咐范進道：「我有一隻生蛋的母雞，你快拿去集上賣了，買幾升米來煮餐粥喫。我已是餓得兩眼都看不見了。」范進慌忙抱了雞，走出門去。才去不到兩個時辰，只聽得一片聲的鑼響，三匹馬闖將來。那三個人下了馬，把馬拴在茅草棚上，一片聲叫道：「快請范老爺出來，恭喜高中了！」母親不知是什麼事，嚇得躲在屋裡。聽見中了，方敢伸出頭來說道：「諸位請坐，小兒方才出去了。」那些報錄人道：「原來是老太太。」大家簇擁著要喜錢。正在吵鬧，又是幾匹馬，二報、三報到了，擠了一屋的人，茅草棚地下都坐滿了。鄰居都來了，擠著看，老太太沒奈何，只得央及一個鄰居去尋他兒子。

那鄰居飛奔到集下，一地裡尋不見，直尋到集東頭，見范進抱著雞，手裡插個草標，一步一踱的，東張西望，在那裡尋人買。鄰居道：「范相公，快些回去！恭喜你中了舉人。報喜人擠了一屋裡。」范進道是哄他，只裝不聽見，低著頭，往前走。鄰居見他不理，走上來，就要奪他手裡的雞。范進道：「奪我的雞怎的？你又不買。」鄰居道：「你中了舉了，叫你家去打發報子哩！」范進道：「高鄰，你曉得我今日沒有米，要賣這隻雞去救命，爲什麼拿這話來混我？我又不同你頑，你自回去罷，莫誤了我賣雞。」鄰居見他不信，劈手把雞奪了，摜在地下，一把拉了回來。報錄人見了道：「好了，新貴人回來了。」正要擁著他說話，范進三兩步進屋裡來，見屋中報帖已經升掛起來，上寫道：「捷報貴府老爺范諱進，高中廣東鄉試第七名亞元。京報連登黃甲。」范進不看便罷，看了一遍，又念一遍，自己把兩手拍了一下，笑了一聲道：「噫！好了！我中了！」說著，往後一交跌倒，牙關咬緊，不醒人事。老太太慌了，忙將幾口開水灌了過來。他爬將起來，又拍著手大笑道：「噫！好了！我中了！」笑著，不由分說，就往門外飛跑，把報錄人和鄰居都嚇了一跳。走出大門不多路，一腳踹在塘裡，掙起來，頭髮都跌散了，兩手黃泥，淋淋漓漓一身的水。衆人拉他不住，拍著笑著，一直走到集上去了。

衆人大眼望小眼，一齊道：「原來新貴人歡喜瘋了。」老太太哭道：「怎生這樣苦命的事！中了一個什麼舉人，就得了這個拙病！這一瘋月，幾時才得好！」娘子胡氏道：「早上好好出去，怎的就得了這樣的病？卻是如何是好！」衆鄰居勸道：「老太太不要心慌。我們而今且派兩個人跟定了范老爺；這裡衆人家裡拿些雞蛋、酒來，且管待了報子上的老爺們，再爲商酌。」當下衆鄰居，有拿雞蛋來的，有拿白酒來的，也有背了斗米來的，也有提了兩隻雞來的。娘子哭哭啼啼，在廚下收拾齊了，拿在草棚下。鄰居又搬些桌凳，請報錄的坐著喫酒商議：「他這瘋了，如何是好？」報錄的內中有一個人道：「在下倒有一個主意，不知可以行得行不得？」衆人問是何主意。那人道：「范老爺平日可有最怕的人？只因他歡喜很了，痰湧上來，迷了心竅。如今只消他怕的這個人來打他一個嘴巴，說：『這報錄的話都是哄你，你並不曾中。』他喫這一嚇，把痰吐了出來，就明白了。」衆人都拍手道：「這個主意好得緊，妙得緊！范老爺怕的，莫過於肉案子上胡老爹。好了！快尋胡老爹來。他想是還不知道，在集上賣肉哩。」又一個人道：「在集上賣肉，他倒好知道了；他從五更鼓就往東頭集上迎豬，還不曾回來。快些迎著去尋他。」

一個人飛奔去迎，走到半路，遇著胡屠戶來，後面跟著一個燒湯的二漢，提著七、八斤肉，四、五千錢，正來賀喜。進門見了老太太，老太太哭著告訴一番。胡屠戶詫異道：「難道這等沒福！」外邊人一片聲請胡老爹說話。胡屠戶把肉和錢交與女兒，走了出來。衆人如此這般同他商議。胡屠戶作難道：「雖然是我女婿，如今卻做了老爺，就是天上的星宿。天上的星宿是打不得的。我聽得齋公們說：『打了天上的星宿，閻王就要拿去打一百鐵棍，發在十八層地獄，永不得翻身。』我卻不敢做這樣的事。」鄰居內一個尖酸人說道：「罷麼！胡老爹！你每日殺豬的營生，白刀子進去，紅刀子出來，閻王也不知叫判官在簿子上記了你幾千條鐵棍，就是添上這一百棍，也打什麼要緊？只恐把鐵棍子打完了，也算不到這筆帳上來。或者你救好了女婿的病，閻王敍功，從地獄裡把你提上第十七層來也不可知。」報錄的人道：「不要只管講笑話，胡老爹，這個事須是這般。你沒奈何，權變一權變。」屠戶被衆人局不過，只得連斟兩碗酒喝了，壯一壯膽。把方才這些小心收起，將平日的凶惡樣子拿出來，捲一捲那油晃晃的衣袖，走上集去。衆鄰居五、六個都跟著走。老太太趕出來叫道：「親家，你只可嚇他一嚇，卻不要把他打傷了！」衆鄰居道：「這個自然，何消吩咐。」說著，一直去了。

來到集上，見范進正在一個廟門口站著，散著頭髮，滿臉汙泥，鞋都跑掉了一隻，兀自拍著掌，口裡叫道：「中了！中了！」胡屠戶凶神一般走到跟前，說道：「該死的畜生，你中了什麼？」一個嘴巴打將去。衆人和鄰居見這模樣，忍不住的笑。不想胡屠戶雖然大著膽子打了一下，心裡到底還是怕的，那手早顫起來，不敢打第二下。范進因這一個嘴巴，卻也打暈了，昏倒於地。衆鄰居一齊上前，替他抹胸口，捶背心，舞了半日，漸漸喘息過來，眼睛明亮，不瘋了。衆人扶起，借廟門口一個外科郎中姚駝子板凳上坐著。胡屠戶站在一邊，不覺那隻手隱隱的疼將起來，自己看時，把個巴掌仰著，再也彎不過來。自己心裡懊惱道：「果然天上文曲星是打不得的，而今菩薩計較起來了。」想一想，更疼的很了，連忙向郎中討了個膏藥貼著。

范進看了衆人，說道：「我怎麼坐在這裡？」又道：「我這半日昏昏沉沉，如在夢裡一般。」衆鄰居道：「老爺，恭喜高中了。適才歡喜的有些引動了痰，方才吐出幾口痰來，好了。快請回家去打發報錄人。」范進說道：「是了。我也記得中的第七名。」范進一面自綰了頭髮，一面問郎中借了一盆水洗臉。一個鄰居早把那一隻鞋尋了來，替他穿上。見丈人在跟前，恐怕又要來罵。胡屠戶上前道：「賢婿老爺，方才不是我敢大膽，是你老太太的主意，央我來勸你的。」鄰居內一個人道：「胡老爹方才這個嘴巴打得親切，少頃范老爺洗臉，還要洗下半盆豬油來。」又一個道：「老爹，你這手明日殺不得豬了。」胡屠戶道：「我那裡還殺豬！有我這賢婿老爺，還怕後半世靠不著麼？我每常說，我的這個賢婿，才學又高，品貌又好，就是城裡頭那張府、周府這些老爺，也沒有我女婿這樣一個體面的相貌！你們不知道，得罪你們說，我小老這一雙眼睛鄰是認得人的！想著先年，我小女在家裡長到三十多歲，多少有錢的富戶要和我結親；我自己覺得女兒像有些福氣的，畢竟要嫁與個老爺，今日果然不錯！」說罷，哈哈大笑。衆人都笑起來。看著范進洗了臉，郎中又拿茶來喫了，一同回家。范舉人先走，胡屠戶和鄰居跟在後面。屠戶見女婿衣裳後襟滾皺了許多，一路低著頭替他扯了幾十回。到了家門，屠戶高聲叫道：「老爺回府了！」老太太迎著出來，見兒子不瘋，喜從天降。衆人問報錄的，已是家裡把屠戶送來的幾千錢打發他們去了。范進拜了母親，也拜謝丈人。胡屠戶再三不安道：「些須幾個錢，還不彀你賞人哩！」

結構分析表

- 先（中舉前）
  - 先（中秀才）：「范進進學……肚子去了」
  - 後（赴考前）：「次日……又罵了一頓」
- 後（中舉後）
  - 一（報信）：「到了出榜那日……尋他兒子」
  - 二（喜極而瘋）：「那鄰居……走到集上去了」
  - 三（治瘋病）：「衆人大眼望小眼……膏藥貼著」
  - 四（清醒）：「范進看了衆人……賞人哩」

說明

這篇文章諷刺入骨，令人看了笑中帶淚。爲了凸顯出諷刺的意味，就不宜只從順敍的角度來看待這篇文章的架構，而是應該從「中舉前」、「中舉後」的對照著眼，看范進、胡屠戶、鄰居衆人前後不同的言行舉止，則世態炎涼、人情冷暖，一一映現；而且就在這種對照中，引發讀者的思考。這樣的寫法比起任何的口誅筆伐，都來得震動人心，小說的力量，眞是强大極了。

袁枚〈祭妹文〉

乾隆丁亥冬，葬三妹素文於上元之羊山，而奠以文曰：

嗚呼！汝生於浙而葬於斯，離吾鄉七百里矣。當時雖觭夢幻想，寧知此為歸骨所耶？

汝以一念之貞，遇人仳離，致孤危托落，雖命之所存，天實為之；然而累汝至此者，未嘗非予之過也。予幼從先生授經，汝差肩而坐，愛聽古人節義事；一旦長成，遽躬蹈之。嗚呼！使汝不識詩書，或未必艱貞若是。

余捉蟋蟀，汝奮臂出其間，歲寒蟲僵，同臨其穴。今予殮汝葬汝，而當日之情形，憬然赴目。予九歲憩書齋，汝梳雙髻，披單縑來，溫〈緇衣〉一章。適先生奓戶入，聞兩童子音琅琅然，不覺莞爾，連呼則則，此七月望日事也。汝在九原，當分明記之。予弱冠粵行，汝掎裳悲慟。逾三年，予披宮錦還家，汝從東廂扶案出，一家瞠視而笑，不記語從何起，大概說長安登科，函使報信遲早云爾。凡此瑣瑣，雖為陳跡，然我一日未死，則一日不能忘。舊事填膺，思之淒梗，如影歷歷，逼取更逝。悔當時不將嫛婗情狀，羅縷紀存；然而汝已不在人間，則雖年光倒流，兒時可再，而亦無與證印者矣。

汝之義絕高氏而歸也，堂上阿奶，仗汝扶持；家中文墨，眣汝辦治。嘗謂女流中最少明經義、諳雅故者；汝收非不婉，而於此微缺然。故自汝歸後，雖爲汝悲，實爲予喜。予又長汝四歲，或人間長者先亡，可將身後托汝；而不謂汝之先予以去也。前年予病，汝終宵刺探，減一分則喜，增一分則憂。後雖小差，猶尚殗殜，無所娛遣，汝來床前，爲說稗官野史可喜可愕之事，聊資一歡。嗚呼！今而後，吾將再病，教從何處呼汝耶？

汝之疾也，予信醫言無害，遠弔揚州。汝又慮戚吾心，阻人走報。及至綿惙已極，阿奶問，「望兄歸否？」强應曰：「諾！」已予先一日夢汝來訣，心知不祥，飛舟渡江。果予以未時還家，而汝以辰時氣絕；四支猶溫，一目未瞑，蓋猶忍死待予也。嗚呼痛哉！早知訣汝，則予豈肯遠遊？即遊，亦尚有幾許心中言，要汝知聞，共汝籌畫也。而今已矣！除吾死外，當無見期。吾又不知何日死，可以見汝；而死後之有知無知，與得見不得見，又卒難明也。然則抱此無涯之憾，天乎人乎！而竟已乎！

汝之詩，吾已付梓；汝之女，吾已代嫁；汝之生平，吾已作傳；惟汝之窀穸，尚未謀耳。先塋在杭，江廣河深，勢難歸葬，故請母命而寧汝於斯，便祭掃地。其旁葬汝女阿印，其下兩冢，一爲阿爺侍者朱氏，一爲阿兄侍者陶氏。羊山曠渺，南望原隰，西望棲霞，風雨晨昏，羈魂有伴，當不孤寂。所憐者，吾自戊寅年讀汝哭侄詩後，至今無男；兩女牙牙，生汝死後，才周晬耳。予雖親在，未敢言老，而齒危髮禿，暗裡自知，知在人間，尚復幾日？阿品遠官河南，亦無子女，九族無可繼者。汝死我葬，我死誰埋！汝倘有靈，可能告我？

嗚呼！身前既不可想，身後又不可知；哭汝既不聞汝言，奠汝又不見汝食。紙灰飛揚，朔風野大，阿兄歸矣，猶屢屢回頭望汝也。嗚呼哀哉！嗚呼哀哉！

結構分析表

- 敬辭：「乾隆丁亥冬」三句
- 今：「嗚呼……歸骨所耶」
- 昔
  - 先（童年）
    - 因（悲）
      - 果：「汝以一念……予之過也」
      - 因：「予幼……艱貞若是」
    - 果（思）
      - 目
        - 先（捉蟋蟀）：「余捉……憬然赴目」
        - 中（溫書）：「予九歲……分明記之」
        - 後（登科還家）：「予弱冠……遲早云爾」
      - 凡：「凡此瑣瑣……證印者矣」
  - 後（離婚後）
    - 先（歸家）
      - 敍：「汝之義絕……辦治」
      - 情：「嘗謂女流……以去也」
    - 中（生病）
      - 敍：「前年予病……聊資一歡」
      - 情：「嗚呼……呼汝耶」
    - 後（病歿）
      - 敍：「汝之疾也……待予也」
      - 情：「嗚呼痛哉……而竟已乎」
- 今
  - 因
    - 正（有知）
      - 已辨：「汝之詩……當不孤寂」
      - 未辨：「所憐者……可能告我」
    - 反（不知）：「嗚呼……不見汝食」
  - 果：「紙灰飛揚……嗚呼哀哉」

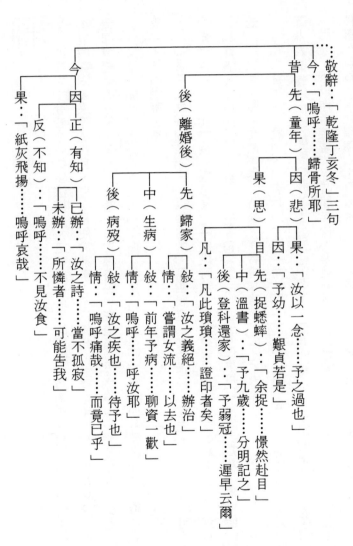

說明

此文以「今昔今」的手法構篇。這種結構最大的好處，乃是可以藉著回憶帶出往事，使事情的前因後果瞭然在目，可說是便於敍事；不只如此，「昔」與「今」相互呼應，易於營造回環纏綿的感受，又利於抒情。這兩種特點，在這篇〈祭妹文〉中，都發揮得淋漓盡致。

文章一開始，是從「今」寫起，語氣彷彿與妹對話一般，而且特別提及「離吾鄉七百里」，託出飄零之感。

接著時間就回溯到過去，以相當大的篇幅歷述素文的種種。首先，這個「昔」可大別爲「先（童年）」和「後（離婚後）」兩段時間，中間跳過了素文出嫁的數年時光；這可能是因爲作者在這段時日中，無法與素文相處，所以沒有往事可以追憶，當然，更可能的原因是，這段時光是素文最不堪的時候，作者惜妹情深，因此不忍提及。

在「童年」一段中，作者是因「悲」而「思」，也就是先念及素文的艱貞，應是幼時同聽古人節義事而造成的（悲）；這就好像開了一個閘門般，一連串的童年往事歷歷浮現（思）。所以作者接著依照時間先後，連連記述了「捉蟋蟀」、「溫書」、「登科還家」三件事，並以「凡此瑣瑣……證印者矣」來總結，無限的懷念與悲傷盡情流洩。

然後時間跳接到「離婚後」，作者也是依序述及「歸家」、「生病」、「病歿」三事，情感從「雖爲汝悲，實爲予喜」，到「教從何處呼汝耶」，到「天乎人乎！而竟已乎！」情感愈來愈濃烈悲痛。

最後時間又回到現在。作者以一貫與妹談心的口氣，訴說「已辦」之事，重點在於解釋爲何葬妹於此，以回應篇首的「離吾鄉七百里」，同時還談到「未辦」之事，以「九族無繼」增加了無可憑依之感，這些都是從素文「有知」的一面來說。接著就以短短數語訴說素文「不知」，言下之意十分淒迷。此時作者奠祭完畢，行將離開，但是「猶屢屢回頭望汝也」，不勝依戀已極。

此文悲惋婉轉、深情無限，確爲祭文之上品。

錢大昕〈弈喻〉△

予觀弈於友人所，一客數敗。嗤其失算，輒欲易置之，以爲不逮己也。頃之，客請與予對局，予頗易之，甫下數子，客已得先手。局將半，予思益苦，而客之智尚有餘，竟局數之，客勝予十三子。予赧甚，不能出一言。後有招予觀弈者，終日默坐而已。

今之學者讀古人書，多訾古人之失；與今人居，亦樂稱人失。人固不能無失，然試易地以處，平心而度之，吾果無一失乎？吾能知人之失，而不能見吾之失；吾能指人之小失，而不能見吾之大失。吾求吾失且不暇，何暇論人哉！

弈之優劣有定也。一著之失，人皆見之，雖護前者不能諱也。理之所在，各是其所是，各非其所非，世無孔子，誰能定是非之真？然則人之失者，未必非得也；吾之無失者，未必非大失也。而彼此相嗤無有已時，曾觀弈者之不若已！

結構分析表

- 目
  - 敘（觀弈）
    - 因
      - 先（觀棋）：「予觀弈……不逮己也」
      - 後（弈棋）：「頃之……出一言」
    - 果：「後有招予觀弈者」二句
  - 論（論人）
    - 反：「今之學者……稱人失」
    - 正：「人固不能……論人哉」
- 凡
  - 目
    - 敘（觀奕）：「弈之優劣有定也」四句
    - 論（論人）：「理之所在……大失也」
  - 凡：「而彼此相嗤無有已時」二句

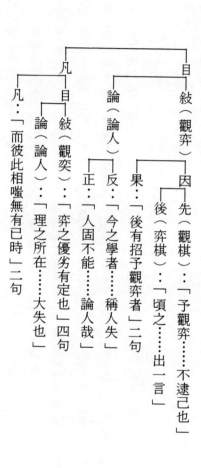

說明

〈弈喻〉一文乃是就觀弈之事，推闡出深刻的道理。因此首段先敘述自己觀棋、弈棋的尷尬往事，並因此而得到教訓，從此不敢亂斷別人下棋的優劣（敘）。隨後第二段順勢將重心轉到議論上，先從反面說起，指出當今學者多樂稱人失；接著從正面來論述，認爲求己失尚且不暇，哪有餘裕去指摘別人呢（論）？

最後一段則是總收前二段（凡）。先以「弈之優劣有定也」四句呼應首段，並指出弈棋的優劣是有客觀標準的；再以「理之所在……大失也」一節呼應二段，而且將道理更推深一層，認爲是非難明，不能只憑自己主觀的認定；所以最末「而彼此相嗤無有已時」二句，關鎖前面的論述，對學者提出針砭。

這篇文章將「敘」與「論」結合得十分緊密，既能「敘」得明，又能「論」得深，相當能發揮「喻」類文體的特質，堪稱佳構。

劉鶚〈明湖居聽書〉

到了十二點半鐘，看那臺上，從後臺簾子裡面走出一個男子，穿了一件藍布長衫，長長的臉兒，一臉疙瘩，彷彿風乾福橘皮似的，甚爲醜陋。但覺得那人氣味倒還沈靜；出得臺來，並無一語，就往半桌後面左手一張椅子上坐下，慢慢的將三弦子取來，隨便和了和弦，彈了一兩個小調，人也不甚留神去聽。後來彈了一枝大調，也不知道叫什麼牌子，只是到後來全用輪指，那抑揚頓挫，入耳動心，恍若有幾十根弦幾百個指頭，在那裡彈似的。這時臺下叫好的聲音，不絕於耳，卻也壓不下那弦子去。這曲彈罷，就歇了手，旁邊有人送上茶來。

停了數分鐘後，簾子裡面出來一個姑娘，約有十六七歲，長長鴨蛋臉兒，梳了一個抓髻，戴了一副銀耳環，穿了一件藍布外褂兒，一條藍布褲子，都是黑色鑲滾的，雖是粗布衣裳，倒十分潔淨，來到半桌後面右手椅子上坐下，那彈弦子的，便取了弦子，錚錚鏦鏦彈起。這姑娘便立起身來，左手取了梨花簡，夾在指頭縫中，便丁丁當當的敲，與那弦子的聲音相應；右手持了鼓棰子，凝神聽那弦子的節奏。忽羯鼓一聲，歌喉遽發，字字清脆，聲聲宛轉，如新鶯出谷，乳燕歸巢。每句七字，每段數十句，或緩或急，忽高忽低，其中轉腔換調之處，百變不窮。覺一切歌曲腔調，俱出其下，以爲觀止矣！

旁坐有兩人，其一人低聲問那人道：「此想必是白妞了罷？」其一人道：「不是，這人叫黑妞，是白妞的妹子。他的調門兒，都是白妞教的。若比白妞，還不曉得差多遠呢！他的好處，人說得出；白妞的好處，人說不出。他的好處，人學得到；白妞的好處，人學不到。你想幾年來好玩耍的，誰不學他們的調兒呢？就是窯子裡的姑娘們，也人人都學。只是頂多唱一二句可到黑妞的起步；若白妞的好處，從沒有一個人能及他十分裡的一分的。」說著的時候，黑妞早唱完了，後面去了。這時滿園子裡的人，談談笑笑；賣瓜子、落花生、山裡紅、核桃仁的，高聲喊叫著賣；滿園子裡聽來都是人聲。

正在熱鬧哄哄的時節，只見那後臺裡又出來一位姑娘，年紀十八九歲，裝束與前一個毫無分別；瓜子臉兒，白淨面皮，相貌不過中人以上之姿，只覺得秀而不媚，清而不寒，半低著頭出來，立在半桌後面，把梨花簡丁當了幾聲。煞是奇怪！只是兩片頑鐵，到他手裡，便有了五音十二律似的。又將鼓棰子輕輕的點了兩下，方抬起頭來，向臺下一盼。那雙眼睛，如秋水，如寒星，如寶珠，如白水銀裡頭養著兩丸黑水銀。左右一顧一看，連那坐在遠遠牆角子裡的人都覺得王小玉看見我了；那坐得近的更不必說。就這一眼，滿園子裡便鴉雀無聲，比皇帝出來還要靜悄得多呢！連一根針跌在地下都聽得見響。

王小玉便啓朱脣，發皓齒，唱了幾句書兒。聲音初不甚大，只覺入耳有說不出來的妙境，五臟六腑裡，像熨斗熨過，無一處不伏貼，三萬六千個毛孔，像吃了人參果，無一個毛孔不暢快。唱了十數句之後，漸漸的越唱越高，忽然拔了一個尖兒，像一線鋼絲拋入天際，不禁暗暗叫絕。那知他於那極高的地方，尚能迴環轉折；幾轉之後，又高一層，接連有三、四疊，節節高起，恍如由傲來峯西面攀登泰山的景象；初看傲來峯削壁千仞，以爲上與天通；及至翻到傲來峯頂，才見扇子崖更在傲來峯上；及至翻到扇子崖，又見南天門更在扇子崖上；愈翻愈險，愈險愈奇。那王小玉唱到極高的三、四疊後，陡然一落，又極力騁其千迴百折的精神，如一條飛蛇，在黃山三十六峯半中腰裡盤旋穿插，頃刻之間，周匝數遍；從此以後，愈唱愈低，愈低愈細，那聲音就漸漸的聽不見了。滿園子的人，都屏氣凝神，不敢少動。約有兩三分鐘之久，彷彿有一點聲音，從地底下發出。這一出之後，忽又揚起，像放那東洋煙火，一個彈子上天，隨化作千百道五色火光，縱橫散亂，這一聲揚起，即有無限聲音，俱來並發。那彈弦子的，亦全用輪指，忽大忽小，同他那聲音相和相合；有如花塢春曉，好鳥亂鳴，耳朵忙不過來，不曉得聽那一聲爲是。正在撩亂之際，忽聽霍然一聲，人弦俱寂。這時臺下叫好之聲，轟然雷動。

停了一會，鬧聲稍定，只聽那臺下正座上有一個少年人，不到三十歲光景，是湖南口音，說道：「當年讀書，見古人形容歌聲的好處，有那『餘音繞梁，三日不絕』的話，我總不懂。空中設想，餘音怎會得繞梁呢？又怎會三日不絕呢？及至聽了小玉先生說書，才知古人措辭之妙。每次聽他說書之後，總有好幾天耳朵裡無非都是他的書音。無論做什麼事，總不入神；反覺得『三日不七』這『三日』下得太少，還是孔子『三月不知肉味』『三月』二字形容得透徹些。」旁邊人都說道：「夢湘先生論得透闢極了，『於我心有戚戚焉』。」說著，那黑妞又上來說了一段，底下又是白妞上場。

這一段，聞旁邊人說叫做黑驢段，聽下去，不過一個士子見了一個美人騎了一個黑驢走過去的故事。將形容那美人，先形容那黑驢怎樣怎樣好法。待鋪敘到美人的好處，不過數語，這段書也就完了。其音節全是快板，越說越快。白香山詩云：「大珠小珠落玉盤」，可以盡其妙處，在說到極快的時候，聽的人彷彿都趕不上，聽得卻字字清楚，無一字不送到人耳輪深處，這是他的獨到。然比著前一段，卻未免遜一籌了。這時不過五點鐘光景，眾人以為天時尚早，王小玉必還要唱一段，不知是他妹子出來，敷衍幾句，就收場了。當時一哄而散。

結構分析表

- 賓
  - 一（彈三弦者）：「到了十二點半鐘……送上茶來」
  - 二（黑妞）
    - 敘：「停了數分鐘……以爲觀止矣」
    - 論：「旁坐有兩人……都是人聲」
- 主（白妞）
  - 敘
    - 神態：「正在熱鬧哄哄……聽得見響」
    - 說書
      - 一（聲音悅耳）：「王小玉……毛孔不暢快」
      - 二（聲音高）：「唱了十數句……愈險愈奇」
      - 三（聲音低）：「那王小玉……不敢稍動」
      - 四（聲音雜作）：「約有兩三分鐘……轟然雷動」
  - 論：「停了一會……於我心有戚戚焉」
  - 敘
    - 先：「說著……遜一籌了」
    - 後：「這時不過……一閧而散」

說明

作者在這則故事中，所要強力凸出的是白妞說書之妙，爲了達到這個目的，作者巧用了

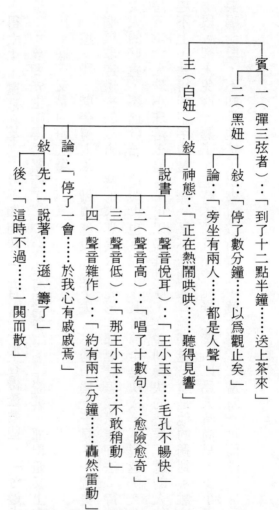

賓主法。

故事一開始，先上場的人物不是白妞，而是彈三弦者和黑妞，兩個人的表現都非常好，前者「抑揚頓挫，入耳動心」，而後者更是「百變不窮」、「以爲觀止」，令人以爲必定是白妞了；可是此時卻藉觀者之口道出不如白妞遠甚。因此文勢跌宕，一步步地落到白妞身上；這就是善用「賓」來烘托，所造成的效果。

接著，在層層鋪墊下，白妞「千呼萬喚始出來」，一出場就攫得了大家的注意，想要知道她的說書又是如何的好法，這才是「主」。作者在此費了許多筆墨來描寫，尤其是以絕妙的譬喻來模擬她說書的聲音，令人如聞其聲；隨後並借用觀眾「三月不知肉味」的評語，高度評價了白妞高超的說書技巧；最末以餘波作收。

這種以正面的「賓」來襯托「主」的作法，並不像對比一樣強烈，卻具有一種兩兩調和、凸出主體的美感，用一句話來形容，就是「一山還有一山高」，是相當吸引人的。

龔自珍〈病梅館記〉

江寧之龍蟠，蘇州之鄧尉，杭州之西溪，皆產梅。或曰：梅以曲爲美，直則無姿；以欹爲美，正則無景；梅以疏爲美，密則無態，固也。此文人畫士，心知其意，未可明詔大號，以繩天下之梅也。又不可以使天下之民，斫直、删密、鋤正，以夭梅、病梅爲業以求錢也。梅之欹、之疏、之曲，又非蠢蠢求錢之民，能以其智力爲也。有以文人畫士孤癖之隱，明知鬻梅者：斫其正，養其旁條；删其密，夭其稚枝；鋤其直，遏其生氣，以求重價，而江、浙之梅皆病。文人畫士之禍之烈至此哉！

予購三百盆，皆病者，無一完者。既泣之三日，乃誓療之，縱之，順之。毀其盆，悉埋於地，解其棕縛。以五年爲期，必復之全之。予本非文人畫士，甘受詬厲，闢病梅之館以貯之。

嗚呼！安得使予多暇日，又多閑田，以廣貯江寧、杭州、蘇州之病梅，窮予生之光陰以療梅也哉！

結構分析表

- 敘
  - 因
    - 點：「江寧……皆產梅」
    - 染
      - 因：「或曰……固也」
      - 果
        - 因（正）：「此文人……智力爲也」
        - 果（反）：「有以文人……至此哉」
  - 果：「予購三百……以貯之」
- 情：「嗚呼……療梅也哉」

說明

作者在首數句就「點」出三地皆產梅，其下乃就此而「染」之。

在「染」的部份中，先藉著「或曰」帶出梅以「曲、欹、疏」爲美；而且就是因爲有這種審美觀的存在，所以導致「正面」、「反面」的看法，並且這兩種看法之間，也存在著因果關係：前者以「三疊法」表示出，作者認爲梅之「曲、欹、疏」絕不應以人工手法求得，此爲正面之「因」；後者則記述鬻梅者欲求梅之「曲、欹、疏」，因而殘害梅樹，使得梅樹成爲病梅，此爲反面之「果」。

然後，作者落實到「病梅館」上來記述，說明因為「江浙之梅皆病」，所以作者「辟病梅之館」，「必復之全之」。

最後，作者發願期能廣貯三地病梅，並窮一生光陰以療梅。

此文題材獨特，感慨深沉，而且配合著採取這種平實清晰的結構，令讀者不覺炫奇露巧，而自然感人。

柒、章法分析：

民國篇

連橫〈臺灣通史序〉△

臺灣固無史也。荷人啓之，鄭氏作之，清代營之，開物成務，以立我丕基，至於今三百有餘年矣。而舊志誤謬，文采不彰，其所記載，僅隸有清一朝；荷人鄭氏之事，闕而弗錄，竟以島夷海寇視之。烏乎！此非舊史氏之罪歟？且府志重修於乾隆二十九年，臺、鳳、彰、淡諸志，雖有續修，侷促一隅，無關全局，而書又已舊。苟欲以二三陳編而知臺灣大勢，是猶以管窺天，以蠡測海，其被囿也亦巨矣。

夫臺灣固海上之荒島爾！篳路藍縷，以啓山林，至於今是賴。顧自海通以來，西力東漸，運會之趨，莫可阻遏。於是而有英人之役，有美船之役，有法軍之役，外交兵禍，相逼而來，而舊志不及載也。草澤羣雄，後先崛起，朱、林以下，輒啓兵戎，喋血山河，藉言恢復，而舊志亦不備載也。續以建省之議，開山撫番，析疆增吏，正經界，籌軍防，興土宜，勵教育，綱舉目張，百事俱作，而臺灣氣象一新矣。

夫史者，民族之精神，而人羣之龜鑑也。代之盛衰，俗之文野，政之得失，物之盈虛，均於是乎在。故凡文化之國，未有不重其史者也。古人有言：「國可滅而史不可滅。」是以郢書燕說，猶存其名；晉《乘》楚《杌》，語多可採；然則臺灣無史，豈非臺人之痛歟？

顧修史固難，修臺之史更難，以今日修之尤難，何也？斷簡殘編，蒐羅匪易；郭公夏五，疑信相參；則徵文難。老成凋謝，莫可諮詢；巷議街譚，事多不實；則考獻難。重以改隸之際，兵馬倥傯，檔案俱失；私家收拾，半付祝融，則欲取金匱石室之書，以成風雨名山之業，而有所不可。然及今爲之，尚非甚難，若再經十年二十年而後修之，則真有難爲者。是臺灣三百年來之史；將無以昭示後人，又豈非今日我輩之罪乎？

橫不敏，昭告神明，發誓述作，兢兢業業，莫取自遑，遂以十稔之間，撰成《臺灣通史》。爲紀四、志二十四、傳六十，凡八十有八篇，表圖附焉。起自隋代，終於割讓，縱橫上下，鉅細靡遺，而臺灣文獻於是乎在。

洪惟我祖先，渡大海，入荒陬，以拓殖斯土，為子孫萬年之業者，其功偉矣！追懷先德，眷顧前途，若涉深淵，彌自儆惕。嗚乎！念哉！凡我多士，及我友朋，惟仁惟孝，義勇奉公，以發揚種性；此則不佞之幟也。婆娑之洋，美麗之島，我先王先民之景命，實式憑之。

結構分析表

- 反（無史）
  - 敍
    - 一
      - 泛：「臺灣固無史……餘年矣」
      - 具
        - 目
          - 一：「而舊志……之罪歟」
          - 二：「且府志……書又已舊」
        - 凡：「苟欲以……亦巨矣」
    - 二
      - 泛：「夫臺灣固海上之荒島爾」四句
      - 具
        - 一：「顧自海通……不及載也」
        - 二：「草澤羣雄……不備載也」
        - 三：「續以建省……氣象一新矣」
  - 論
    - 全：「夫史者……語多可採」
    - 偏：「然則臺灣無史」二句
- 正（有史）
  - 目
    - 反
      - 縱
        - 凡：「顧修史固難」四句
        - 目
          - 一：「斷簡殘編……徵文難」
          - 二：「老成凋謝……考獻難」
          - 三：「重以改隸……有所不可」
      - 收：「然即今……之罪乎」
    - 正
      - 泛：「橫不敏……《臺灣通史》」
      - 具：「爲紀四……於是乎在」
  - 凡：「洪惟我祖先……實式憑之」

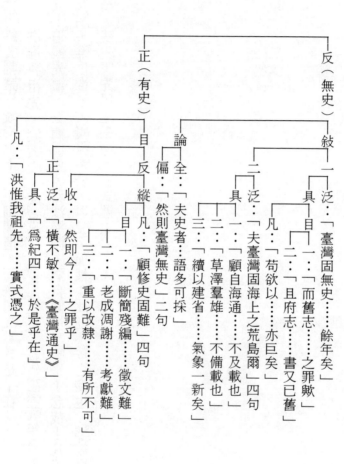

說明

這篇〈臺灣通史序〉陳述當初修撰《臺灣通史》的宗旨，是用「先反（無史）後正（有史）」的方式來夾出主旨。

首先，在「反（無史）」的部分，是以「先敍後論」的結構組織起來的。作者先敍述爲何臺灣無史？此處分成兩大部分，首言舊史闕漏、淺狹之失，次言舊史不及載、不備載、未載之史事；承接前面的文意，作者作一論述，先從全面的觀點來說明史的重要（全），然後再落到臺灣上，認爲「臺灣無史，豈非臺人之痛歟」（偏）。這數段從反面來鋪陳，其實都是一種盤旋作勢，目的在凸顯出其後的「正（有史）」。

接著，從正面來論述「有史」時，又先跌一筆，從反面來說修臺之史甚難（縱），然後一「收」，認爲今日不寫，將成爲歷史的罪人。因此，才帶出其後連橫發誓述作之事，以及具述《臺灣通史》的體例（正）。最後，「反面」、「正面」都在篇末收束，並提出主旨：「惟仁惟孝，義勇奉公，以發揚種性」。

這篇文章在章法上的特殊之處，當然首推「正反」法的運用了。因爲「反正相生」能造成對比，而讓人產生鮮明、醒目、活躍、振奮的感受，是一種效果強大、美感鮮明的章法。

賴和〈一桿「稱仔」〉

鎮南威麗村裡，住的人家，大都是勤儉、耐苦、平和、順從的農民。村中除了包辦官業的幾家勢豪，從事公職的幾家下級官吏，其餘都是窮苦的占多數。

村中，秦得參的一家，尤其是窮困得慘痛，當他生下的時候，他父親早就死了。他在世，雖曾贌得幾畝田地耕作，他死了後，只剩下可憐的妻兒。鄰右看她母子倆的孤苦，多爲之傷心。有些上了年紀的人，就替他們設法，因爲餓死已經不是小事了。結局因鄰人的做媒，他母親就招贅一個夫婿進來，他的後父不太體恤這個前夫的兒子，而且把他母親亦只視作一種機器，所以得參，不僅不能得到幸福，又多挨些打罵，他母親因此和後夫就不十分和睦。

幸他母親，耐勞苦，會打算，自己織草鞋、畜雞鴨、養豬，辛辛苦苦，始能度那近於似人的生活。好容易，到得參九歲的那一年，他母親就遣他，去替人家看牛、做長工。這時候，他後父已不大顧到家內，雖然他們母子倆，自己的勞力，經已可免凍餒的威脅。

得參十六歲的時候，他母親教他辭去了長工，回家裡來，想贌幾畝田耕作，可是這時候，贌田就不容易了。因為製糖會社，糖的利益大，雖農民們受過會社刻虧、剝奪，不願意種蔗，會社就加「租聲」向業主爭贌，業主們若自己有利益，那管到農民的痛苦，田地就多被會社贌去了。若做會社的勞工呢，有同牛馬一樣，他母親又不肯，只在家裡，等著做些散工。因他的氣力大，做事勤敏，就每天有人喚他工作，比較他做長工的時候，勞力輕省，得錢又多。又得他母親的刻儉，漸積下些錢來。到得參十八歲的時候，他母親為得參娶妻。就在村中，娶了一個種田的女兒。幸得過門以後，和得參還協力，到田裡工作，他一家生計，暫不覺得困難。得參的母親，在他二十一歲那一年，得了一個男孫子，不久後，就過世了。

翌年，他又生下一女孩子。家裡頭因失去了母親，須他妻子自己照管，並且有了兒子的拖累，不能和他出外工作，進款就減少一半，所以得參自己不能不加倍工作，這樣辛苦著，過有四年，他的身體，就因過勞，患著瘧疾，病了四五天，才診過一次西醫，花去兩塊多錢，雖則輕快些，腳手尚覺乏力，在這煩忙的時候，而又是勤勉的得參，就不敢閒著在家裡，亦即耐苦到田裡去。到晚上回家，就覺得有點不好過，睡到夜半，寒熱再發起來，翌天也不能離床，這回他不敢再請西醫診治了。他心裡想，三天的工作，還不夠吃一服藥，那得那麼些錢花？但亦不能放他病著，就煎些不用錢的青草，或不多花錢的漢藥服食。雖未全部無效，總隔兩三天，發一回寒熱，經過有好幾個月，才不再發作。

當得參病的時候，他妻子不能不出門去工作，只有讓孩子們在家裡啼哭，和得參呻吟聲相和著，一天或兩餐或一餐，雖不至餓死，一家人多陷入營養不良。

一直到年末。得參自己，才能做些輕的工作，看看「尾衙」到了，尚找不到相應的工作，若一至新春，萬事停辦了，更沒有做工的機會，所以須積蓄些新春半個月的食糧，得參的心裡，因此就分外煩惱而恐惶了。

末了，聽說鎮上生菜的販路很好。他就想做這項生意，無奈缺少本錢，又因心地坦白，不敢向人家告借，沒有法子，只得教他妻到外家走一遭。一個小農民的妻子，那有闊的外家，得不到多大幫助。總難得她嫂子待她還好，把她唯一的裝飾品——一根金花——借給她，教她去當鋪裡，押幾塊錢，暫作資本。

一天早上，得參買一擔生菜回來，想吃過早飯，就到鎮上去，這時候，他妻子才覺到缺少一桿稱仔。「怎麼好？」得參想，「要買一桿，可是官廳的專利品，不是便宜的東西，那兒來得錢？」她妻子趕快到隔鄰去借一桿回來，幸鄰家的好意，把一桿尚覺新新的借來。因爲巡警們，專在搜索小民的細故，來做他們的成績，犯罪的事件，發見得多，他們的高昇就快。所以無中生有的事故、含冤莫訴的人們，向來是不勝枚舉。什麼通行取締、道路規則、飲食物規則、行旅法規、度量衡規紀，舉凡日常生活中的一舉一動，通在法的干涉、取締範圍中。——她妻子爲慮萬一，就把新的「稱仔」借來。

這一天的生意，總算不壞，到市散，亦賺到一塊多錢。他就先糴些米，預備新春的糧食。過了幾天糧食足了，他就想，「今年家運太壞，明年家裡，總要換一換氣象才好，第一廳上奉祀的觀音畫像，要買新的，同時門聯亦要換，不可缺的金銀紙、香燭，亦要買。」再過幾天，生意屢好，他又想炊一灶年糕，就把糖米買回來。他妻子就忍不住，勸他說：「剩下錢積積下，待贖取那金花，不是更要緊嗎？」

一晚市散，要回家的時候，他又想到孩子們。新年不能有件新衣裳給他們，他就剪了幾尺花布回去。把幾日來的利益，一總花掉。

這一天近午，一下級巡警，巡視到他擔前，目光注視到他擔上的生菜，他就殷勤地問：

「大人，要什麼不要？」

「汝的貨色比較新鮮。」巡警說。

得參的接著又說：

「是，城市的人，總比鄉下人享用，不是上等東西，是不合脾胃。」

「花菜賣多少錢？」巡警問。

「大人要的，不用問價，肯要我的東西，就算運氣好。」參說。他就擇幾莖好的，用稻草貫著，恭敬地獻給他。

「不，稱稱看！」巡警幾番推辭著說，誠實的參，亦就掛上「稱仔」稱一稱說：

「大人，真客氣啦！才一斤十四兩。」

「不錯罷？」巡警說。

「不錯，本來兩斤足，因是大人要的……」參說。這句話是平常買賣的口吻，不是贈送的表示。

「稱仔不好罷，兩斤就兩斤，何須打扣？」巡警變色地說。

「不，還新新呢！」參泰然點頭回答。

「拿過來！」巡警赫怒了。

「稱花還很明瞭。」參從容地捧過去說。巡警接在手裡，約略考察一下說：

「不堪用了，拿到警署去！」

「什麼緣故？修理不可嗎？」參說。

「不去嗎？」巡警怒叱著。「不去？畜生！」撲的一聲，巡警把「稱仔」打斷擲棄，隨抽出胸前的小帳子，把參的名姓、住處記下。氣憤憤地回警署去。

參突遭這意外的羞辱，空抱著滿腹的憤恨，在擔邊失神地站著。等巡警去遠了，才有幾個閒人，近他身邊來。一個較有年紀的說：「該死的東西！到市上來，只這亦就不懂？要做什麼生意？汝說幾斤幾兩，難道他的錢汝敢拿嗎？」

「難道我們的東西，該白送給他的嗎？」參不平地回答。

「唉！汝不曉得他的厲害，汝還未嘗到他青草膏的滋味。」那有年紀的嘲笑地說。

「什麼？做官的就可任意凌辱人民嗎？」參說。

「硬漢！」有人說。衆人議論一回，批評一回，亦就散去。

得參回到家裡，夜飯前吃不下，只悶悶地一句話不說。經他妻子殷勤的探問，才把白天所遭的事告訴給她。

「寬心罷！」妻子說，「這幾天的所得，買一桿新的還給人家，剩下的猶足贖取那金花回來。休息罷，明天亦不用出去，新春要的物件，大概準備下，但是，今年運氣太壞，怕運裡帶有官符，經這一回事，明年快就出運，亦不一定。」

參休息過一天，看看沒有什麼動靜，況明天就是除夕日，只剩得一天的生意，他就安坐下來，絕早挑上菜擔，到鎮上去。到天亮後，各擔各色貨，多要完了，有的人，已收起擔頭，要回去圍爐，過那團圓的除夕，償一償終年的勞苦，享受著家庭的快樂。當這時參又遇到那巡警。

「畜生，昨天跑到那兒去？」巡警說。

「什麼？怎得隨便罵人？」參回答。

「畜生，到衙門去！」巡警說。

「去就去呢，什麼畜生？」參說。

巡警瞪他一眼便帶他上衙門去。

「汝秦得參嗎？」法官在座上問。

「是，小人是。」參跪在地上回答說。

「汝曾犯過罪嗎？」法官。

「小人生來將三十歲了，曾未犯過一次法。」參。

「以前不管他，這回違犯著度量衡規則。」法官。

「唉！冤枉啊！」參。

「什麼？沒有這樣事嗎？」法官。

「這事是冤枉的啊！」參。

「但是，巡警的報告，總没有錯啊！」法官。

「實在冤枉啊！」參。

「既然違犯了，總不能輕恕，只科罰汝三塊錢，就算是格外恩典。」法官。

「可是，没有錢。」參。

「没有錢，就坐監三天，有没有？」法官。

「没有錢！」參說，在他心裡的打算：新春的閒時節，監禁三天，是不關係什麼，這是三塊錢的用處大，所以他就甘心去受監禁。

參的妻子，本想洗完了衣裳，才到當鋪裡去，贖取那根金花。還未曾出門，已聽到這凶消息，她想：在這時候，有誰可央托，有誰能爲她奔走？愈想愈没有法子，愈覺傷心，只有哭的一法，可以少舒心裡的痛苦，所以，只守在家裡哭。後經鄰右的勸慰，教導帶著金花的價錢，到衙門去，想探探消息。

鄉下人，一見巡警的面，就怕到五分，況是進衙門裡去，又是不見世面的婦人，心裡的驚恐，就可想而知了。她剛跨進郡衙的門限，被一巡警的「要做什麼」的一聲呼喝，已嚇得倒退到門外去，幸有一十四來歲的小使，出來查問，她就哀求他，替伊探查，難得那孩子童心還在，不會倚勢欺人，誠懇地，替伊設法，教她拿出三塊錢，代繳進去。

「才監禁下，什麼就釋出來？」參心裡正在懷疑地自問。出來到衙前，看著他妻子。

「爲什麼到這兒來？」參對著妻子問。

「聽……說被拉進去……」她微咽著聲回答。

「不犯到什麼事，不至殺頭怕什麼。」參怏怏地說。

他們來到街上，市已經散了，處處聽到「辭年」的爆竹聲

「金花取回未？」參問他妻子。

「還未曾出門，就聽到這消息，我趕緊到衙門去，在那兒繳去三塊，現在還不夠。」妻子回答他說。

「唔！」參恍然地發出這一聲，就拿出早上賺到的三塊錢，給他妻子說：「我挑擔子回去，當鋪怕要關門了，快一些去，取出就回來罷。」

「圍過爐」，孩子們因明早要絕早起來「開正」各已睡下，在做他們幸福的夢。參尚在室內踱來踱去。經他妻子幾次的催促，他總沒有聽見似的，心裡只在想，總覺有一種不明瞭的悲哀，只不住漏出幾聲的嘆息，「人不像個人，畜生，誰願意做？這是什麼世間？活著倒不若死了快樂。」他喃喃地獨語著，忽又回憶

到母親死時，快樂的容貌。他已懷抱著最後的覺悟。

元旦，參的家裡，忽譁然發生一陣叫喊、哀鳴、啼哭。隨後，又聽著說：「什麼都沒有嗎？」「只『銀紙』備辦在，別的什麼都沒有。」

同時，市上亦盛傳著，一個夜巡的警吏，被殺在道上。

這一幕悲劇，看過好久，每欲描寫出來，但一經回憶，總被悲哀填滿了腦袋，不能著筆。近日看到法朗士的《克拉格比》，才覺這樣事，不一定在未開的國裡，凡強權行使的地上，總會發生，遂不顧文字的陋劣，就寫出給文家批判。

（此段爲後記）

結構分析表

- 底
  - 一（幼）
    - 賓：「鎮南威麗村……占多數」
    - 主：「村中……不十分和睦」
  - 二（少）：「幸他母親……就過世了」
- 圖
  - 底
    - 因（生病）：「翌年……陷入營養不良」
    - 果
      - 一（賣菜）：「一直到年末……總花掉」
      - 二（遇警）：「這一天近午……亦不一定」
      - 三（上衙門）：「參休息過一天……取出就回來罷」
  - 圖（反抗）：「圍過爐……被殺在道上」
- ……後記：「這一幕悲劇……（此段爲後記）」

說明

這是一篇沉痛的、充滿反抗意識的作品，爲了凸顯出它的主題，所以不從「順敘」的角度來看待，而是用「圖底」章法來分析出結構。「圖底」的觀念是借用自繪畫理論，簡單地說，「圖」是重心所在的「形象」，而「底」則是用作襯托的「背景」，「圖」與「底」的適當結合，才能成就一幅成功的繪畫；文學作品也是如此，在「底」的有力襯托下，「圖」凸現出來成爲焦點，凝聚最多的注意力、傳達最多的訊息（「圖底」法爲陳滿銘提出的新章法）。

在這篇小說中，作者先敘述主角——秦得參孤苦的身世，自幼至少，都在貧苦的生存環境中掙扎；而且，在敘寫秦得參時，其實也側寫了他所處的社會。這些都是「底」。然後作者的筆觸轉入最爲重要的事件中，這個事件在全文中的地位相當於「圖」，是焦點所在，因此用了相當多的筆墨，詳細地加以敘述；而且若對這個事件細加分析，會發現它本身也構成一個「先底後圖」結構。

首先，作者由因及果地敘寫秦得參因爲生病不能下田工作（因），所以想到市場去賣菜，還因此和岳家大嫂借了一根金花，跟鄰居借了一根稱仔；原本賣菜生意頗好，卻在這時碰見了一名巡警，想要白拿青菜，後來還蠻橫地折斷稱仔，秦得參憤怒不已，卻無可奈何；避了一天，除夕當天再出來賣菜，沒想到那名巡警誣陷他犯法，將他帶上衙門，還因此被判刑，最後是妻子用錢將他贖回（果）。這個事件極端不合理，強力地訴說了在暴政的壓迫下，人民的辛酸與無奈；不過，這些都還不是焦點，眞正的焦點在最後秦得參的武力反抗上。

所以作者描述除夕夜裡秦得參的憤怒嘆息：「人不像個人，畜生，誰願意做？」元旦時，秦得參家裡發出哭喊，秦得參已然自殺身亡，而一個夜巡的警吏，被殺在道上。最末還附上作者的後記。

這樣的結局，誠然是驚心動魄的，但是如果沒有前面的種種敍述作爲鋪墊，它的力量也發揮不出來；所以從「底」與「圖」的觀點來看待整個故事，最能闡發出作者的深刻用心。

徐志摩〈翡冷翠山居閒話〉

在這裡出門散步去，上山或是下山，在一個晴好的五月的向晚，正像是去赴一個美的宴會。比如去一果子園，那邊每株樹上都是滿掛著詩情最秀逸的果實，假如你單是站著看還不滿意時，只要你一伸手就可以採取，可以恣嘗鮮味，足夠你性靈的迷醉。陽光正好暖和，決不過暖；風息是溫馴的，而且往往因爲他是從繁花的山林裡吹度過來，他帶來一股幽遠的澹香，連著一息滋潤的水氣，摩挲著你的顏面，輕繞著你的肩腰，就這單純的呼吸已是無窮的愉快；空氣總是明淨的，近谷內不生煙，遠山上不起靄，那美秀風景的全部，正像畫片似的展露在你的眼前，供你閒暇的鑒賞。

作客山中的妙處，尤在你永不須躊躇你的服色與體態。你不妨搖曳著一頭的蓬草，不妨縱容你滿腮的苔蘚；你愛穿什麼就穿什麼；扮一個牧童，扮一個漁翁，裝一個農夫，裝一個走江湖的桀卜閃，裝一個獵戶。你再不必提心整理你的領結，你儘可以不用領結，給你的頸根與胸膛一半日的自由。你可以拿一條這邊艷色的長巾包在你的頭上，學一個太平軍的頭目，或是拜倫那埃及裝的姿態；但最要緊的是穿上你最舊的舊鞋，別管他模樣不佳，他們是頂可愛的好友，他們承著你的體重卻不叫你記起你還有一雙腳在你的底下。

這樣的玩頂好是不要約伴，我竟想嚴格的取締，只許你獨身，因爲有了伴多少總得叫你分心，尤其是年輕的女伴。平常我們從自己家裡走到朋友的家裡，或是我們執事的地方，那無非是在同一個大牢裡，從一間獄室移到另一間獄室去，拘束永遠跟著我們，自由永遠尋不到我們；但在這春夏間美秀的山中或鄉間，你要是有機會獨身閒逛時，那才是你福星高照的時候，那才是你實際領受，親口嘗味，自由與自在的時候，那才是你肉體與靈魂行動一致的時候。朋友們，我們多長一歲年紀，往往只是加重我們們頭上的枷，加緊我們腳脛上的鍊，我們見小孩子在草裡在沙堆裡在淺水裡打滾作樂，或是看見小貓追他自己的尾巴，何嘗沒有羨慕的時候，但我們的枷、我們的鍊，永遠是制定我們行動的上司！所以只有你單身奔赴大自然的懷抱時，像一個裸體的小孩撲入他母親的懷抱時，你才知道靈魂的愉快是怎樣的，單是活著的快樂是怎樣的，單就呼吸單就走道單就張眼看聳耳聽的幸福是怎樣的。因此你得嚴格的爲己，極端的自私，只許你，體魄與性靈，與自然同在一個脈搏裡跳動，同在一個音波裡起伏，同在一個神奇的宇宙裡自得。我們渾樸的天真是像含羞草似的嬌柔，一經同伴的抵觸，他就捲了起來，但在澄靜的日光下，和風中，他的姿態是自然的，他的生活是無阻礙的。

你一個人漫遊的時候，你就會在青草裡坐地仰臥，甚至有時打滾，因爲草的和暖的顏色，自然的喚起你童稚的活潑；在靜僻的道上你就會不自主的狂舞，看著你自己的身影幻出種種詭異的變相，因爲道旁樹林的陰影在他們于徐的婆娑裡暗示你舞蹈的快樂；你也會得信口的歌唱，偶爾記起斷片的音調，與你自己隨口的小曲，因爲樹林中的鶯燕告訴你春光是應得讚美的；更不必說你的胸襟自然會跟著漫長的山徑開拓，你的心地會看著澄藍的天空靜定，你的思想和著山壑間的水聲，山罅裡的泉響，有時一澄到底的清澈，有時激起成章的波動，流，流，流入涼爽的橄欖林中，流入嫵媚的阿諾河去……。

並且你不但不須約伴，每逢這樣的遊行，你也不必帶書。書是理想的伴侶，但你應得帶書，是在火車上，在你住處的客室裡，不是你獨身漫步的時候。什麼偉大的深沉的鼓舞的清明的優美的思想的根源，不是可以在風籟中，雲彩裡，山勢與地形的起伏裡，花草的顏色與香息裡尋得？自然是最偉大的一部書，葛德說，在他每一頁的字句裡我們讀得最深奧的消息。並且這書上的文字是人人懂得的；阿爾帕斯與五老峯，雪西里與普陀山，萊因河與揚子江，梨夢湖與西子湖，建蘭與瓊花，杭州西溪的蘆雪與威尼市夕照的紅潮，百靈與夜鶯，更不提一般黃的黃麥，一般紫的紫藤，一般青的青草，同在大地上生長，同在和風中波動——他們應用的符號是永遠一致的，他們的意義是永遠明顯的，只要你自己性靈不長瘡瘢，眼不盲，耳不塞，這無形跡的最高等教育便永遠是你的名分，這不取費的最珍貴的補劑便永遠供你的受用；只要你認識了這一部書，你在這世界上寂寞時便不寂寞，窮困時便不窮困，苦惱時有安慰，挫折時有鼓勵，軟弱時有督責，迷失時有南鍼。

結構分析表

- 暫（小）：「在這裡出門……閒暇的鑑賞」
- 久
  - 小
    - 不須裝扮：「作客山中……在你的底下」
    - 不須約伴
      - 因：「這樣的玩……無阻礙的」
      - 果：「你一個人漫遊……阿諾河去」
  - 大
    - 果（不須帶書）：「並且你……漫步的時候」
    - 因
      - 論：「什麼偉大的……最深奧的消息」
      - 敘：「並且這書上……和風中波動」
      - 論：「他們應用的……迷失時有南鍼」

說明

此文同時關顧了時間與空間，時間上的轉變是「由暫而久」，空間上的轉變則是「由小而大」（「小」是指翡冷翠，「大」是指大自然），所以時間與空間結合起來，將本文所包含的意境，由有限的暫（小）推向無垠的久（大）。

作者先從暫（小）敘起，動用了視覺、嗅覺、觸覺、味覺，對翡冷翠的某個五月黃昏，

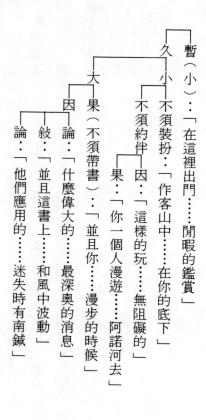

作極爲優美的描寫。

接著，地點雖然仍是鎖定在翡冷翠，但時間已不拘爲某個時日，作者盡情地描寫山中遊玩不須裝扮、不須約伴的自由自在。

不過，將空間無限地推擴，會發現遊玩時不須帶書，因爲所有大自然的優美景色，亙古以來都在安慰著人們、啓示著人們，給予人們最深奧的消息。

因此作者閒話翡冷翠山居，其實是以翡冷翠山居作個起點，引出作者對大自然深深的眷戀與喜愛，令讀者心嚮神往。

朱光潛〈我們對於一棵古松的三種態度〉△

誰都知道，一切事物都有幾種看法。你說一件事物是美的或是醜的，這也祇是一種看法。換一個看法，你說它是真的或是假的；再換一種看法，你說它是善的或是惡的。同是一件事物，看法有多種，所看出來的現象也就有多種。

比如園裡那一棵古松，無論是你、是我或是任何人一看到它，都說它是古松。但是你從正面看，我從側面看，你以幼年人的心境去看，我以中年人的心境去看，這些情境和性格的差異都能影響到所看到的古松的面目。古松雖祇是一件事物，你所看到的和我所看到的古松卻是兩件事。假如你和我各把所得的古松的印象畫成一幅畫或是寫成一首詩，我們倆藝術手腕儘管不分上下，你的詩和畫與我的詩和畫相比較，卻有許多重要的異點。這是什麼緣故呢？這就由於知覺不完全是客觀的，各人所見到的物的形相都帶有幾分主觀的色彩。

假如你是一位木商，我是一位植物學家，另外一位朋友是畫家，三人同時來看這棵古松。我們三人可以說同時都「知覺」到這一棵樹，可是三人所「知覺」到的卻是三種不同的東西。你脫離不了你的木商的心智，你所知覺到的衹是一棵做某事用值幾多錢的木料。我也脫離不了我的植物學家的心習，我所知覺到的衹是一棵葉爲針狀、果爲球狀、四季常青的顯花植物。我們的朋友——畫家——什麼事都不管，衹管審美，他所知覺到的衹是一棵蒼翠、勁拔的古樹。我們三人的反應態度也不一致。你心裡盤算它是宜於架屋或是製器，思量怎樣去買它，砍它，運它。我把它歸到某類某科裡去，注意它和其他松樹的異點，思量它何以活得這樣老。我們的朋友卻不這樣東想西想，他衹在聚精會神的觀賞它的蒼翠的顏色，它的盤屈如龍蛇的線紋以及它的那一股昂然高舉、不受掘撓的氣概。

從此可知這棵古松並不是一件固定的東西，它的形相隨觀者的性格和情趣而變化。各人所見到的古松的形相都是各人自己性格和情趣的返照。古松的形相一半是天生的，一半也是人爲的。極平常的知覺都帶有幾分創造性；極客觀的東西之中都有幾分主觀的成分。

美也是如此。有審美的眼睛纔能見到美。這棵古松對於我們的畫畫的朋友是美的，因爲他去看它時就抱了美感的態度。你和我如果也想見到它的美，你須得把你那種木商的實用的態度丟開，我須得把植物學家的科學的態度丟開，專持美感的態度去看它。

這三種態度有什麼分別呢？

先說實用的態度。做人的第一件大事就是維持生活。既要生活，就要講究如何利用環境。「環境」包含我自己以外的一切人和物在內，這些人和物有些對於我的生活有益，有些對於我的生活有害，有些對於我不關痛癢。我對於他們於是有愛惡的情感，有趨就或逃避的意志和活動。這就是實用的態度。實用的態度起於實用的知覺，實用的知覺起於經驗。小孩子初出世，第一次遇見火就伸手去抓，被它燒痛了，以後他再遇見火，便認識它是什麼東西，便明瞭它是燒痛手指的，火對於他於是有意義。事物本來都是很混亂的，人爲便利實用起見，纔像被火燒過的小孩子根據經驗把四圍事物分類、立名，說天天喫的東西叫做「飯」，天天穿的東西叫做「衣」，某種人是朋友，某種人是仇敵，於是事物纔有所謂

「意義」。意義大半都起於實用。在許多人看，衣除了是穿的、飯除了是喫的一類意義之外，便尋不出其他意義。所謂「知覺」，就是感官接觸某種人或物時心裡明瞭他的意義。明瞭他的意義，起初都衹是明瞭他的實用。明瞭實用之用，纔可以對他起反應動作，或是愛他，或是惡他，或是求他，或是拒他。木商看古松的態度便是如此。

科學的態度則不然。它純粹是客觀的、理論的。所謂客觀的態度，就是把自己的成見和情感完全丟開，專以「無所為而為」的精神去探求真理。理論是和實用相對的。理論本來可以見諸實用，但是科學家的直接目的卻不在於實用。科學家見到一個美人，不說，「我要去向她求婚，她可以替我生兒子」，他衹說，「我看她這人很有趣味，我要來研究她的生理構造，分析她的心理組織。」科學家見到一堆糞，不說，「它的氣味太壞，我要掩鼻走開」，他衹說，「這堆糞是一個病人排泄的，我要分析它的化學成分，看看有沒有病菌在裡面。」科學家自然也有見到美人就求婚，見到糞就掩鼻走開的時候，但是那時候他已經由科學家還到實際人的地位了。科學的態度之中很少有情感和意志，它的最重要的心理活動是抽象的思考。科學家要在這個混亂的世界中尋出事物的關係和條理，納個物於概念，從原理演個例，分出某者為因，某者為果，某者為特徵，某者為偶然性。植物學家看古松的態度便是如此。

木商由古松而想到架屋、製器、賺錢等等，植物學家由古松而想到根、莖、花、葉、日光、水分等等，他們的意識都不能停止在古松本身上面。不過把古松當作一塊踏腳石，由它跳到和它有關係的種種事物上面去。所以在實用的態度中和科學的態度中，所得到的事物的意象，都不是獨立的、絕緣的，觀者的注意力都不是專注在所觀事物本身上面的。注意力的集中，意象的孤立、絕緣，便是美感的態度的最大特點。比如我們的畫畫的朋友看古松，他把全副精神都注在松的本身上面，古松對於他便成了一個獨立自足的世界。他忘記他的妻子在家裡等柴燒飯，他忘記松樹在植物教科書裡叫做顯花植物，總而言之，古松完全占領住他的意識，古松以外的世界他都視而不見、聽而不聞了。他祇把古松擺在心眼面前當作一幅畫去玩味。他不計較實用，所以心中沒有意志和慾念；他不推求關係、條理、因果等等，所以不用抽象的思考。這種脫淨了意志和抽象思考的心理活動叫做「直覺」，直覺所見到的孤立、絕緣的意象叫做「形相」。美感經驗就是形相的直覺，美就是事物呈現形相於直覺時的特質。

實用的態度以善爲最高目的，科學的態度以真爲最高目的，美感的態度以美爲最高目的。在實用的態度中，我們的注意力偏在事物對於人的利害，心理活動偏重意志；在科學的態度中，我們的注意力偏在事物間的互相關係，心理活動偏重抽象的思考；在美感的態度中，我們的注意力專在事物本身的形相，心理活動偏重直覺。真、善、美都是人所定的價值，不是事物所本有的特質。離開人的觀點而言，事物都混然無別，善惡、真僞、美醜就漫無意義。真、善、美都含有若干主觀的成分。

人所以異於其他動物的，就是於飲食、男女之外還有更高尚的企求，美就是其中之一。是壺就可以貯茶，何必又求它形式、花樣、顏色都要好看呢？喫飽了飯就可以睡覺，何必又嘔心血去做詩、畫畫、奏樂呢？「生命」是與「活動」同義的，活動愈自由，生命也就愈有意義。人的實用的活動全是有所爲而爲，是受環境需要限制的；人的美感的活動全是無所爲而爲，是環境不需要他活動而他自己願意去活動的。在有所爲而爲的活動中，人是環境需要的奴隸；在無所爲而爲的活動中，人是自己心靈的主宰。這是單就人說，就物說呢，在實用的和科學的世界中，事物都藉著和其他事物發生關係而得到意義，到了孤立、絕緣時卻都沒有意義；但是在美感世界中它卻能孤立、絕緣，卻能在本身現出價值。照這樣看，我們可以說，美是事物的最有價值的一面，美感的經驗是人生中最有價值的一面。

許多轟轟烈烈的英雄和美人都過去了，許多轟轟烈烈的成功和失敗也都過去了，祇有藝術作品真正是不朽的。數千年前的〈采采卷耳〉和〈孔雀東南飛〉的作者還能在我們心裡點燃很强烈的火燄，雖然在當時他們不過是大皇帝腳下的不知名的小百姓。秦始皇併吞六國，統一車書，曹孟德帶八十萬人馬下江東，舳艫千里，旌旗蔽空，這些驚心動魄的成敗對於你有什麼意義？對於我有什麼意義？但是長城和〈短歌行〉對於我們還是很親切的，還可以使我們心領神會這些骸骨不存的精神氣魄。這幾段牆在，這幾句詩在，它們永遠對於人是親切的。悠悠的過去祇是一片漆黑的天空，我們所以還能認識出來這漆黑的天空者，全賴思想家和藝術家所散布的幾點星光。朋友，讓我們珍重這幾點星光！讓我們也努力散布幾點星光去照耀那和過去一般漆黑的未來！

結構分析表

- 平提（眞善美）
  - 同（主觀）
    - 泛
      - 果：「誰都知道……什麼緣故呢」
      - 因：「這就由於……主觀的色彩」
    - 具
      - 平提（三種態度）
        - 果：「假如你是……氣概」
        - 因：「從此可知……主觀的成分」
      - 側注（美）：「美也是如此……去看它」
  - 接榫：「這三種態度有什麼分別呢」
  - 異
    - 特性
      - 注意力不集中
        - 目
          - 實用：「先說實用……便是如此」
          - 科學：「科學的……便是如此」
        - 凡：「木商……所觀事物上面的」
      - 注意力集中：「注意力的集中……直覺時的特質」
    - 目的（眞善美）：「實用的態度……主觀的成分」
- 側注（美）
  - 因
    - 人：「人所以……心靈的主宰」
    - 物：「這是單就人說……最有價值的一面」
  - 果：「許多轟轟烈烈……漆黑的未來」

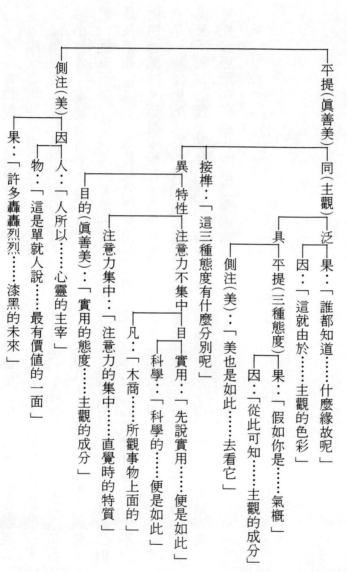

說明

作者挑出看待古松的三種具有代表性的態度——實用的、科學的、美感的，來加以討論，其目的在於凸顯出美感態度與衆不同的價值。因此作者採用了「先平提、後側注」的結構，既能平列討論，又可以重點發揮。

文章一開始，作者先從三種態度中「同」的那一面來討論，而這三種態度相同的地方，就是其中都帶有主觀的成分。要弄清楚這一點，就要知道看待一切事物都有許多不同的看法，那是因爲知覺不完全是主觀的，這部分是「泛論」。接著，作者就落到「三種態度」上作具體的論述；首先仍是平提式地作討論，而且再次强調主觀的成分；但是隨後就以一段的篇幅，針對「美感的」態度作强調（側注）。

其後，就是從「異」的那一面來探討了。先就「特性」而言，根據注意力的集中與否，這三種態度可分以爲兩組：「實用的」和「科學的」爲一組，「美感的」自成一組；在前一組中，觀者的注意力都不是專注在所觀事物上面，但是在美感的態度中，注意力是集中的，意象是孤立、絕緣的。其次就「目的」來說，實用的態度以善爲最高目的，科學的態度以眞爲最高目的，美感的態度以美爲最高目的。

前面這一大段落的篇幅，都是「平提」式地討論三種態度；但是最後則「側注」到美感的態度上發揮。

在「側注」的部分，作者分別從人、物來說明美感態度的價值，就人來說，此時人是無所爲而爲的，是自己心靈的主宰；就物來說，在美感世界中，物不需要和其他事物發生關係而得到意義，物本身就有價值。就是因爲如此，所以美（藝術作品）是永恆的，作者舉了〈采采卷耳〉、〈短歌行〉、長城等作爲例證，並期勉讀者努力創造「美」。這一部分的論述，形成的是「先因後果」的結構。

朱光潛畢生提倡美學，不遺餘力，這篇〈我們對於一棵古松的三種態度〉論述詳明，我們對於「美」的特性與價值，可以因此有個概略的瞭解；在瞭解之後，也許就能夠重視「美」、欣賞「美」了！

紀弦〈雕刻家〉

煩憂是一個不可見的
天才的雕刻家。
每個黃昏，他來了。
他用一柄無形的鑿子

把我的額紋鑿得更深一些；
又給添上了許多新的。
於是我日漸老去，
而他的藝術品日漸完成。

結構分析表

- 凡：「煩憂是一個不可見的」二行
- 目
  - 因：「每個黃昏，他來了」四行
  - 果：「於是我日漸老去」二行

說明

詩篇一開始：「煩憂是一個不可見的／天才的雕刻家」，就將「煩憂」擬人化，而且如此總括性地提一筆說明，是「凡」；其下則分「目」交代爲何煩憂是個雕刻家？

這個煩憂雕刻家總是在黃昏時來到，可見得經過整天的操勞思慮，作者累了；而且他使用的是「無形的鑿子」（呼應前面的「不可見」），將作者的額頭鑿出新舊並陳的紋路，這部分是「因」。最後二句「於是我日漸老去，／而他的藝術品日漸完成。」則是「果」；經過一個一個又一個的黃昏，作者老了，皺紋多了，但是從另一方面來說，則是煩憂雕刻家的藝術品日漸完成。

作者以煩憂爲雕刻家，自己的額頭則是被雕刻的對象，結果卻是成爲藝術品；此中意涵爲人經過種種煩憂的淬鍊超拔之後，會凝鍊出最美的智慧。詩句英華內歛，卻有雋永深意，耐人細品。

陳之藩〈哲學家皇帝〉△

本文略

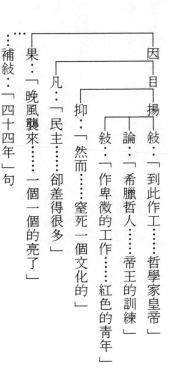

結構分析表

- 因
  - 目
    - 揚
      - 敘：「到此作工……哲學家皇帝」
      - 論：「希臘哲人……帝王的訓練」
      - 敘：「作卑微的工作……紅色的青年」
    - 抑：「然而……窒死一個文化的」
  - 凡：「民主……卻差得很多」
- 果：「晚風襲來……一個一個的亮了」
- ……補敘：「四十四年」句

說明

此文題爲〈哲學家皇帝〉，乃是作者以「哲學家皇帝」的理想爲標準，對美國青年教育的得失進行思考；發覺其「勤苦自立，體驗生活」的那一部分相當足夠，但「人文的素養」卻大大不足。

基於這樣的觀點，作者遂以「揚」的筆調，來記述美國青年活潑進取、恥於依賴；然而，筆鋒一轉，切入缺失的部分，指陳美國學生欠缺人文的訓練，此爲「抑」。而「揚」與

「抑」兩者，都以「民主…卻差得很多」一段，作個總收。而且前面這大幅的記述都是「因」，結果為作者「思緒逐漸澄明而寧靜」，並且以靜湖夜色呼應前文，造成餘韻不絕的感受。

此文結構極富層次，將作者的思路逐一展開，並能在思考之後進行統合，提出洞見，令人深獲啓迪。

余光中〈等你，在雨中〉

等你，在雨中，在造虹的雨中
蟬聲沉落，蛙聲昇起
一池的紅蓮如紅焰，在雨中

你來不來都一樣，竟感覺
每朵蓮都像你
尤其隔著黃昏，隔著這樣的細雨

永恆，剎那，剎那，永恆
　等你，在時間之外
在時間之內，等你，在剎那，在永恆

如果你的手在我的手裡，此刻
　如果你的清芬
在我的鼻孔，我會說，小情人

諾，這隻手應該採蓮，在吳宮
　這隻手應該
搖一柄桂槳，在木蘭舟中

一顆星懸在科學館的飛簷
　耳墜子一般地懸著
瑞士錶說都七點了。忽然你走來
步雨後的紅蓮，翩翩，你走來

像一首小令
從一則愛情的典故你走來
從姜白石的詞裡，有韻地，你走來

結構分析表

- 底
  - 實（等）
    - 點：「等你，在雨中，在造虹的雨中」
    - 染
      - 空：「蟬聲沉落，蛙聲昇起」四行
      - 時：「尤其隔著黃昏，隔著這樣的細雨」四行
  - 虛（設想）
    - 嗅：「如果你的手在我的手裡，此刻」三行
    - 視：「諾，這隻手應該採蓮，在吳宮」三行
- 圖（實、來）
  - 染
    - 時：「一顆星懸在科學館的飛簷」三行
    - 空：「忽然你走來」四行
  - 點：「從姜白石的詞裡，有韻地，你走來」

說明

此詩韻致纏綿，並巧用「底圖」章法，以「在雨中等你」爲「底」，凸顯出細雨中，情人翩翩來到的身影（圖）。

在「底」的部分，作者用一「實」一「虛」相互映照。作者先從「實境」寫起，首句「點」出「等」字，次從空間、時間兩方面，渲染出紅蓮池畔的等待，利那有如永恆（染）。此刻，作者的思緒遁入虛境，分別從嗅覺、視覺著眼，融入古老的典故，虛摹出優美有情的景象。

然後又迴入實境，鋪寫「從姜白石的詞裡，有韻地，你走來」這麼一個翩然的身影；作者依然扣緊時間和空間來描摹，時間流逝，一轉眼黃昏已延展到夜晚七點，但是地點不變，紅蓮依然在雨中盛開，襯著那人翩翩行來的身姿。

作者首句言「等」、末句敘「來」，呼應得十分圓密；而且以實境虛境搭配起來，共同暈染出一個等待的優美場景；最重要的是，在等待爲「底」的襯托下，那嬝娜的身影鮮明得無法磨滅，在作者的腦海中，永遠閃著晶瑩的光（圖）。

△余光中〈尋李白〉——痛飲狂歌空度日　飛揚跋扈爲誰雄

那一雙傲慢的靴子至今還落在
高力士羞憤的手裡，人卻不見了
把滿地的難民和傷兵
把胡馬和羌馬交踐的節奏
留給杜二去細細地苦吟
自從那年賀知章眼花了
認你做謫仙，便更加佯狂
用一隻中了魔咒的小酒壺
把自己藏起，連太太都尋不到你
怨長安城小而壺中天長
在所有的詩裡你都預言
會突然水遁，或許就在明天
只扁舟破浪，亂髮當風

——而今，果然你失了蹤
樹敵如林，世人皆欲殺
肝硬化怎殺得死你？
酒下豪腸，七分釀成了月光
餘下的三分嘯成劍氣
繡口一吐就半個盛唐
從開元到天寶，從洛陽到咸陽
冠蓋滿途車騎的囂鬧
不及千年後你的一首
水晶絕句輕叩我額頭
噹地一彈挑起的回首

一貶世上已經夠落魄
再放夜郎毋乃太難堪
至今成謎是你的籍貫

隴西或山東，青蓮鄉或碎葉城
不如歸去歸那個故鄉？
凡你醉處，你說過，皆非他鄉
失蹤，是天才唯一的下場
身後事，究竟你遁向何處？
猿啼不住，杜二也苦勸你不住
一回頭囚窗下竟已白頭
七仙，五友，都救不了你了
匡山給霧鎖了，無路可入
仍爐火未純青，就半粒丹砂
怎追躡葛洪袖裡的流霞？

樽中月影，或許那才是你故鄉
常得你一生癡癡地仰望？
而無論出門向西笑，向西哭
長安都已陷落

這二十四萬里的歸程
也不必驚動大鵬了，也無須招鶴
只消把酒杯向半空一扔
便旋成一隻霍霍的飛碟
詭綠的閃光愈轉愈快
接你回傳説裡去
——民國六十九年四月二十七日

結構分析表

- 疑
  - 今
    - 果：「那一雙傲慢的靴子至今還落在」五行
    - 因：「自從那一年賀知章眼花了」八行
    - 果：「而今，果然你失了蹤」
  - 昔
    - 因（反）：「樹敵如林，世人皆欲殺」二行
    - 果（正）
      - 泛：「酒下豪腸，七分釀成了月光」三行
      - 具：「從開元到天寶，從洛陽到咸陽」五行
  - 今
    - 因：「一貶世上已經夠落魄」六行
    - 果：「失蹤，是天才唯一的下場」
    - 因：「身後事，究竟你遁向何處」七行
- 答
  - 泛：「樽中月影，或許那才是你故鄉」二行
  - 具：「而無論出門向西笑，向西哭」八行

說明

此詩題爲〈尋李白〉，記錄了作者「由疑而答」的追尋歷程。

首先，作者從「今」寫起；寫失蹤的「果」，並追索失蹤之「因」，最後再强調一次「而今，果然你失了蹤」（果）。

接著，作者將時間拉回至過去。先從「反面」寫起，認爲肝硬化殺不死李白，所以酒精反而催化出李白的詩歌盛業（正面），兩者之間又形成了「因果」關係。

然後時間又回到現在，作者痛惜李白無鄉可歸（因），又歷數李白一生羈留處，竟也無路可回（因），所以只能嘆息道：「失蹤，是天才唯一的下場」（果）；此三者交錯搭配，形成了「因果因」的結構。

最末，作者提出「樽中月影，或許那才是你故鄉」（泛），並且在其後以八行的篇幅，幻設出一幅謫仙「回鄉」的場景（具），作爲這程追尋之旅的答案。

這樣的結局，令人想起千百年前，人們傳說道李白捉月溺水，流露的是對李白的珍愛與痛惜；而今作者改寫爲「奔月」，與古人正是同一副心腸。所謂「尋李白」，實則是思李白、愛李白、不忍李白啊！

鄭愁予〈錯誤〉△

我打江南走過

那寫在季節裡的容顏如蓮花的開落

東風不來，三月的柳絮不飛
你底心如小小的寂寞的城
恰若青石的街道向晚
跫音不響，三月的春帷不揭
你底心是小小的窗扉緊掩

我達達的馬蹄是美麗的錯誤
我不是歸人，是個過客……

結構分析表

- 今：「我打江南走過」二行
- 昔
  - 果（寂寞、視）：「東風不來」三行
  - 因（堅貞、聽）：「跫音不響」二行
- 今：「我達達的馬蹄是美麗的錯誤」二行

說明

這篇〈錯誤〉傳唱已久，甚至可說是「有井水處，皆有達達聲」。詩中浪漫淒美的情致是如何醞釀的呢？我們可以嘗試著從結構分析的角度來一窺究竟。

此詩是以時間爲線索來聯繫整體，但是它形成的並非最爲常見、最易瞭解的「由昔而今（順敘）」結構，而是「今昔今（追敘）」結構。時序在此處被打破了，時間被重組了，爲什麼要如此做呢？我們可以瞭解：因爲有了昔時情事的烘托，當下的種種感觸才不致流於空泛，所以對於「昔」的描述是手段，目的是托出「今」的情感；而且「今」是情緒最爲激盪的時段，所以重複地出現，也加强感染力；更何況「今」與「昔」之間一再地呼應，更有連綿不絕的美感。

所以，詩篇一開始，讀者就從過客的眼中窺見思婦的容顏「如蓮花的開落」。既言容顏如蓮，則此蓮必爲白蓮，白蓮是高潔的，但是也是清冷的，更何況是萎落的白蓮；因此，由此展開的回憶，也是幽冷清寂的。

回憶飛回去，飛到昔時三月的傍晚。雖然是暮春三月，但是「東風不來」、「柳絮不飛」，思婦的天地獨獨被摒斥在春天溫暖的氛圍外；而且心如「小小的城」，城是閉鎖的，又如「向晚的青石街道」，青石街道既冷且硬，且在向晚時無人行經，所以這三行是書寫思婦的寂寞（果）。接著的二行，先從聽覺著眼，寫「跫音不響」的空寂，再寫「春帷不揭」的堅持，而「你底心如小小的窗扉緊掩」，則點出思婦的堅貞（因）。

最末時間又拉回到現在。過客的馬蹄走過，傳來達達的聲響，打破空寂的氣氛，但是結局揭曉，「我不是歸人，是個過客」。作者以「美麗的錯誤」一語帶過，卻令人再次想見思婦的寂寞、思婦的堅貞，以及思婦日復一日、年復一年，永不休止的等待。

林文月〈翡冷翠在下雨〉——△

車抵翡冷翠時，正下著雨。帶一絲寒意的微雨，使整個翡冷翠的古老屋宇和曲折巷道都蒙上一層幽黯與晦澀，教人不禁興起思古之幽情。

這種雨，不大可也不小，有些兒令人不知所措。若要打傘，未免顯得造作而且不夠瀟灑；若收起了傘，不一會兒功夫頭髮和肩上都會淋濕，只好豎起外套的衣領了。

從豎起的衣領側頭向右方看。那是阿諾河，河面上也是一片濛濛的景象，在那濛濛之中橫亙著一座石橋，據説是二次大戰時少數倖免於炮難的橋。如果時間可以倒流的話，那一座橋和橋旁的街道，或即是但丁佇立癡望那位無比榮美的琵亞特麗切的遺跡吧。

就是這種歷史的聯想，文學藝術的聯想，使人不得不格外小心謹愼步履，豈單只是害怕雨水路滑而已。

翡冷翠狹窄的街道真的就在腳下了。前此只是從歷史的記述和別人的詩文中想像的這個城市，而今如此灰黯卻又鮮明地呈現在眼前。舉目四望，盡是繁密排列的古老房屋。當然，其中許多建築物幾度經歷天災兵禍的毀壞而又修復，不可能是十六世紀的原來面貌了。可是洪水氾濫過、雨露浸蝕過，畢竟整座城都透露著一種蒼老的氣息。

蒼老，但是精緻，這是翡冷翠的建築物給人的印象。譬如說百花聖母瑪利亞教堂周圍無數的大理石像，以及不留一點空隙的精雕細琢的圖紋，如何來形容才恰當呢？也許只能說「嘆爲觀止」；但「嘆爲觀止」四個字終嫌抽象，除非你親自瞻仰過，這個抽象的形容詞才始轉化爲具體的形象，牢牢保留在記憶裡。諺云「海枯石爛」，石以其不易爛，所以喻堅固不變。但翡冷翠多雨，使大理石的精緻建築物轉爲黯淡。爲此，每四年就得清潔修護全城的藝術殿堂。翡冷翠的祖先們藉大理石展現了他們的天才光芒，翡冷翠的子孫們便有責任辛勤的維護，使那光芒永照人寰。

地靈人傑，大理石是這個國家的特產，也是這個都城的榮耀根源。提到大理石，如何能不聯想到米蓋蘭基羅？他的「大衛王像」栩栩如生巍巍地站在那裡。鬼斧神工的鑿痕，使人望而屏息。炯炯的眼神自白色的大理石後逼視著遠處的什麼地方，結實有力的肌肉和手腳，甚至筋脈浮突都似乎蘊含著生命。大衛王就是這個樣子的，你相信。他果真是這個樣子嗎？其實是造像的藝術家告訴你，大衛王應該是這個模樣。米蓋蘭基羅曾經對出錢請他雕像的人說過：「肉體會腐爛，印象會模糊，千百年後誰知道像不像其人，世人寧信我的雕像是真實的。」傳說這位翡冷翠籍的藝術大師並不高大魁梧，他比人們心目中想像的矮得多，也醜得多。但矮和醜又有什麼關係？正如他自己說的，肉體形象都不可能永存，而今我們並不關懷他生前美醜的問題，只見一座座的大理石雕像屹立處處，儘管有的斷了手缺了腿，甚至有些連頭部也不知去向，但那也沒有關係，因爲米蓋蘭基羅已經在他的作品裡不朽了。

翡冷翠其實是因爲人傑而致地靈。聖十字教堂可謂「翡冷翠的西敏寺」。這裡面安息著許多位藝術大師和其他卓越的人物。前面是但丁的雕像，他削瘦的臉上有一隻鷹鉤鼻子，眼神憂傷而敏銳，雖然他的遺骸並不在此地，翡冷翠的人堅持要給這位偉大的詩人一席之地。至於米蓋蘭基羅，翡冷翠的人當然要讓他安葬於此。他生前雕琢過無數的大理石像，死後其門徒也爲他造了一個大理石像紀念，旁有三座女性石像，分別象徵著其人一生的三大成就：建築、雕刻與繪畫。天文學家伽利略的墓像與這位藝術家遙遙相望，靜立在大廳的對面，而伽利略注視的方向正是音樂家羅西尼石像的位置。其他哲人和政治家則又各據一隅。虔誠巡禮一番後，如同沐浴在人類的智慧餘澤之中。

翡冷翠稱爲文藝復興搖籃之地，即因這個地方人文薈萃，人才輩出；然而天才倘無人賞識提攜，生活不得保障，便無由安心創作，則才智亦恐難發揮。從這個觀點上看，翡冷翠的梅迭契家族委實功德無量。這個家族富貴、有權勢，而又好藝術。許多翡冷翠當地及義大利其他地方的文人藝術家都受過他們的禮遇，如但丁、達文奇、米蓋蘭基羅和拉斐爾等人，都先後出入過其門庭。當時梅迭契一族顯赫無匹敵，但他們愛好文藝的傳統，終於使人才集中，而這個城市也就成爲義大利最具藝術氣息的重鎮了。然而，天下的威勢也沒有永不衰竭的，傳十三代後，梅迭契家族終於没落；今天我們只能從其家族的私人教堂之輝煌遺跡憑弔想像一斑而已。

梅迭契家族的私人教堂在曲折狹隘的巷道內。路面凹凸不平，街道兩旁盡是古舊的民房，樓下的部分多數已改成商店或餐廳。若要訪古，卻得先走經過這些現代裝飾的櫥窗和招牌前。雨水淋濕了光可鑑人的大玻璃窗和門扉、土灰色斑斑駁駁的牆，及濕漉漉蒼老的石板路，構成有趣的對比。

古代的貴族自有其表現財富、顯耀威勢的具體辦法。看那些由各種不同質地與彩色拼成的圖案與家徽，威尼斯以嵌玻璃的手藝著稱，而梅迭契家的教堂卻以大理石和花崗石取代了玻璃，其別出心裁、匠心獨運即在這一層區別上。當然這個教堂裡也少不了大理石雕像點綴空間，褪色的壁畫和頂畫也包圍了四周。在這裡，藝術的創作已經和宗教的崇敬、權勢的襯托，融和爲一體；或許，這也正是藝術作品得以流傳的一種安全保障。不過，究竟私人教堂格局小，過多的裝飾反而減卻肅穆的宗教氣氛。這一點，恐怕是富貴的梅迭契家族建堂時始料未及的吧？

步出這座小型教堂，暮色已乘細細的雨絲自四面八方圍攏來。店鋪的燈光都亮起，招牌的霓虹燈也閃耀著。遊客的思古幽情未醒，街上行人卻正匆匆趕步，路旁賣明信片和土產的攤販也陸續在收理東西準備回家。

「生爲翡冷翠的人，你一定很驕傲吧？」我禁不住這樣問那位中年的導遊者。

「我當然是很高興做一個翡冷翠的人啦。但是，說實在的，我可沒有天天生活在感動之中。人總是要顧及現實的。」最後那句話，他壓低了嗓門說。

這時，有鐘聲傳來。發自遠方近方、大大小小各寺院鐘樓的鐘聲齊響。每一個行人都習慣地看一看自己的手錶。

「請對時吧。這是五點半的鐘聲。」導遊者附帶加了一句說明。

我也看了看手錶。一點三十分，這是臺北的時間。有一滴雨落在錶面上。

六十八年十二月

結構分析表

- 日
  - 凡（思古）：「車抵翡冷翠……外套的衣領了」
  - 目
    - 果
      - 果
        - 石橋（但丁）：「從豎起的衣領……遺跡吧」
        - 插敘：「就是這種歷史的聯想」四句
        - 四望之景（米蓋蘭基羅）：「翡冷翠……作品裡不朽了」
      - 因：聖十字教堂（多位大師）：「翡冷翠……智慧餘澤之中」
    - 因：小教堂（梅迭契家族）
      - 泛：「翡冷翠……想像一斑而已」
      - 具：「梅迭契家族……始料未及的吧」
- 暮：「步出這座小型教堂……一滴雨落在錶面上」

說明

這是一篇遊記，作者以「由日至暮」（也就是順敍）的方式來架構全篇，但是在佔了絕大部分篇幅的「日」的部分，作者所採用的敍述策略卻不是最爲常見的「移步換形」法；也就是說，作者組織空間的方式，並不是依據遊蹤所及，而是根據思路的延展縱馳。

作者從抵達翡冷翠的那一刻開始寫起，並且說道面對古老的翡冷翠，自然而然地興起「思古之幽情」，這是「凡」，底下就是作者以「思古」來統攝的種種景點，以及隨之所生的浮想連翩。

首先提及的是阿諾河畔的石橋，並因而想及千百年前，曾在橋旁駐盼的但丁。接著插敍一小段文字，再次强調了「歷史的聯想，文學藝術的聯想」，回應「凡」所提出的「思古」。其次敍述作者擧目四望，所見到的蒼老而精緻的古老房屋，並藉著房屋的建材——大理石，「地靈而人傑」，因此聯想到文藝復興時期的巨匠米蓋蘭基羅。

但是，作者隨後即否認了「地靈人傑」，反而說道：「翡冷翠其實是因爲人傑而致地靈」；因此緊接著描述聖十字教堂，教堂中安息著但丁、米蓋蘭基羅、伽利略，以及其他許許多多的哲人和政治家，整座教堂輝耀著人類智慧的光芒。

不過，此時作者的思緒又轉變了，認爲：天才倘無人賞識提攜，則才智恐難發揮，因此梅迭契家族功德無量，使得翡冷翠成爲最具藝術氣息的重鎮。而梅迭契家族的小教堂，正是這個家族的縮影。

步出小教堂時，暮色已深。作者彷彿從思古幽情中醒來，回到現實，看到手錶，正指著台北時間一點三十分。

洪素麗〈萬鴉飛過廢田〉

去看了梵谷的畫展。那是他在法國南部——阿爾小鎮上度過十五個月繪畫生涯巔峯期的遺作展覽。在那短短的一年三個月中，他不眠不休地畫，總共完成兩百幅油畫，一百多幅水彩與素描；也寫了兩百多封信。

一個心地純良又熱烈的藝術家，生活逼到絕境時，反而促成創作力的火花迸現！在阿爾的梵谷，是完全仰賴弟弟西奧的精神與物質的全盤支持的。梵谷的信中，有幾度提到他的顏料用完了，缺白色、靛藍色與黃色。後補的顏料未寄到前，梵谷的油畫中出現了整片綠色的天空，褐色的樹林，與橘紅的家屋。初看，好像是色盲的人畫的風景畫，雖然亦有他一貫粗獷原始的風味；繼而一想，了然於他當時缺顏料，卻又不得不畫的情狀。正如畢沙羅與馬蒂斯晚年半癱瘓時，內在的創作慾逼得他們非要提筆作畫不可，於是請家人把筆和手牢牢綁在一起，不能握筆的手，還是可以畫畫的。甫去世的老作家王詩琅，晚年寫作時，要借助放大鏡。生命力的頑强與不屈服，大概是人之爲人最可貴的一點吧。

梵谷的弟弟西奧，那時在巴黎開一畫廊，剛成家，生有一子，經濟負擔已經很重了，而梵谷不斷寄回的大量作品中，西奧只替他賣掉一幅。

阿爾乾燥而火力很强的陽光（那陽光，比起亞熱帶的臺灣，也要失色的吧），使在田野一無遮蔽下揮筆作畫的梵谷，「感覺像一隻高歌的蟬」；最純粹的藝術創作原質，就這樣輝煌的展現！那種加速揮鞭擠兌創作力的精神亢奮狀態，是不能持久的。然而一個人爲什麼要長命百歲呢？把火力盡情燃燒到頂點，然後倏然劃空消滅，也許更合於生命原始的存在意義吧。猶記得初中畢業那年，初次從習畫老師那裡看到日本的梵谷畫册，驚喜交集，一點點對藝術家宿命命題的理解，是在那時萌芽的。老師那時剛從師大藝術系畢業，是個藝術的狂熱主義信徒，對著畫册中燦亮的食人花架式般的巨大金黃向日葵的畫，沉吟地自語道：「如果能夠做到像這樣的一位好畫家，變成了瘋子也是甘願的。」我在一旁聽了，趕緊追問下去：梵谷是瘋子？他怎麼瘋了？瘋了以後又怎麼樣……老師翻到最後一頁的最後一幅畫——〈萬鴉飛過麥田〉，泥褐色翻滾的麥浪中，有萬鴉嘎然飛過，把顫抖的、氣絕般的落日遮滿。這幅畫是離開阿爾，搬到精神療養院後畫的最後一幅，畫完後，梵谷在麥田間舉槍自戕。

〈萬鴉飛過麥田〉原畫，我始終沒有見過，也不知道現在落在誰人之手。除了老師的畫冊上出現外，別處出版的梵谷畫冊，這幅也常常不見。（梵谷的畫冊是所有畫冊中銷路最好的！）我記憶中的這幅畫，看似一灘失去了亮度的褐斑血跡，然而仍有火焰在背景閃爍跳躍，那是未沉落的那輪落日啊！

一八五三年三月三十日在荷蘭出生，到一八九〇年七月二十九日死去，梵谷短短的三十七年生命中，做了十年的畫家。而最後兩年的作品，抵得上許許多多優秀畫家一生作品的素質與分量。他在一八八八年二月，從巴黎搬到阿爾，遠離巴黎布爾喬亞輕性的、柔美的、浮誇的，摻了大量透明白色的沙龍藝術風，梵谷在阿爾找尋到他從日本浮世繪學來的，陽光底下袒呈的橙黃色與土褐色。他的構圖也採用浮世繪的高遠平面構圖法，人物背景有裝飾趣味很濃的圖案造型；風景則以粗短有力的線條，作一種漩渦扭轉的運動不息底噴泉氣象。在阿爾的最後時日，他發狂了，割掉一只耳朵，「因爲耳朵裡面有很多噪音！」用白紗布綳住受傷的耳朵底顏面，也出現在最後的一幅油畫自畫像中；那是冬寒時，畫家戴一頂方方的帽子，顴骨更高聳了，眼神卻很平靜，並且抽著煙斗。

離開阿爾，住進另一小鎮聖里美一家修女辦的療養院中，他仍孜孜不息地作畫：畫修女飄拂黑白色衣裾的庭園，畫醫院的長廊，畫園中噴水池。筆觸一絲不苟，畫得清醒、有秩序。他仍能很恰切地處理他創作慾的張力。我不認爲他是在繪畫的掙扎挫折中發了瘋（這樣也許是更浪漫的說法吧）。藝術家發瘋自殺，通常是在創作力枯竭，創造力熄滅的時候；梵谷並不，他只是爲了解決掉自己對弟弟的沉重負擔，也爲了解決掉藝術對自己肉身的沉重負擔，而意志堅決地取消這場雙重負荷罷了！他到臨死的最後一刻，都還有不絕的創作生命力。

然而，爲什麼真誠熱烈的人，總是有悲劇性的傾向呢？不僅是藝術家，許許多多在生活上盡一己之力、真誠而熱烈的人，總是不見容於社會，常常有被消滅的恐懼，以及自我消滅的傾向；而他們是最純粹、最無害的人！

這是爲什麼呢？

我心中回響起年少時，讀到的杜斯妥也夫斯基的句子：「不要求百萬財富，只求給他問題一個解答。」

帶著這個不能解決的疑問，走出畫場，急切感覺需要去郊外走走。我搭了一班開往郊區的火車，黃昏前抵臨一片枯林圍繞的玉米廢田。還未走進廢田，在樹林外圍時，我聽到千百隻烏鴉轟然啼叫。牠們零亂地飛竄在高高枯林頂端，「揀盡寒枝不肯棲」的龐大烏鴉羣，像密紛紛洒開的漫天落葉，不停地上下飄浮流動，在暮秋加緊的晚風中，給人一種震嚇的淒涼感。烏鴉羣的焦躁不安，又是怎麼發生的呢？

我知道入夜前，麻雀與椋鳥要羣棲樹上時，也是這樣不停地撞飛啼叫，我見過的。有一回，也是黃昏，走近一棵高大的鬱金香楓樹時，看到幾百隻麻雀在裡面不停地又飛又叫，但總飛不出樹枝的頂端範圍。當時猛一看，整棵樹像是抛拂著樹葉的會鳴叫的樹。家生的雞羣，黃昏時被趕入雞塒後，也是要急躁地吵鬧一番才入睡。對於黃昏遲日，烏鴉羣亦有一種原生的焦慮衝動吧。

走了一圈頹敗的玉米田。收割後的廢田，其中有烏鴉飽餐後的零落玉米稈痕跡，也見到歪倒地上的嚇阻烏鴉啄食的稻草人衣帽。二、三十畝寬闊的玉米廢田，是鄰近農家秋收後的荒廢土地。來春廢田給雪水整過地，會再種玉米的，並且年年來啄食玉米的烏鴉，數目也一直在增加。

向晚的烏鴉羣叫，有火併聲勢，愈演愈烈，帶著疑難的大聲質問；從枯林上空，把問號劃到廢田上空去。最後，和夕光一起消滅了。

結構分析表

- 敍（梵谷印象）
  - 今
    - 果（作品量）：「去看了……兩百多封信」
    - 因（創作慾）：「一個心地純良……存在意義吧」
  - 昔：「猶記得……舉槍自戕」
  - 今
    - 偏：「萬鴉飛過麥田……那輪落日啊」
    - 全
      - 凡：「一八五三年……素質與分量」
      - 目
        - 先（阿爾）：「他在一八八八……抽著煙斗」
        - 後（聖里美）：「離開阿爾……創作生命力」
- 情
  - 問：「然而……給他問題一個解答」
  - 擬答（景）：「帶著這個不能解決……一起消滅了」

說明

這篇文章是用「先敍後情」的方式架構起來的。

在「敍」的部分，作者以時間爲線索，採用了「今昔今」的組織方式。文章一開始：「去看了梵谷的畫展」，時間落在現在，並且「由果及因」地交代了梵谷巨大的創作量與豐沛的創造慾。接著時間回溯到作者初中畢業習畫時，偶然間看到梵谷的最後遺作「萬鴉飛過麥田」，這是作者對梵谷的初次印象。藉著這幅畫作爲過渡，作者又將時間拉回到現在，並且「由偏而全」地介紹梵谷身爲畫家悲劇性的一生；在「全」的部分中，作者先總括性地說明梵谷生命的最後兩年，作品既多且精（凡），然後針對這兩年的不同時期：「阿爾」時期和「聖里美」時期，分別作介紹（目）。作者對梵谷的戚戚相感，流露無遺。

因此，這個時候，一個疑問很自然地浮現了：「爲什麼眞誠熱烈的人，總是有悲劇性的傾向呢？」（問）作者無法解答這個問題，轉而描述眼前所見的，在黃昏時因著原生的焦慮衝動，而於廢田上轟然啼叫的烏鴉羣；作者在不答之中，又彷彿回答了什麼（擬答）。

「萬鴉飛過麥田」這幅畫，在敍述梵谷印象時，分別在「昔」與「今」兩段時間中出現；而後面抒感的部分，作者眼前所見，也是萬鴉飛過廢田之景。此時，畫已不只是畫，景也不只是景，它彷彿成爲了畫家梵谷的藝術圖騰，在讀者眼前熠熠輝耀著。

洪醒夫〈散戲〉 △

戲，就這樣散了。

秀潔回到後臺，脫了戲裝、把臉洗淨，換上便服，掀開布帘，在外邊長板凳上坐下抽煙。

煙抽了大半截，才看到秦香蓮帶著四個孩子悠哉悠哉的晃回來，她已經退了妝，穿上輕便的夏服，喜孜孜的邊走邊玩，一點歉疚的神色都沒有。秀潔看了，不由得大怒起來，豈有此理，真正豈有此理，原先以爲她趕不回來上戲，没想到她卻早有預謀，早已退妝，故意賴掉那段戲，一個演戲的人，怎麼可以對戲那麼不尊重？

秦香蓮回到戲臺邊，一面叮嚀孩子們不要亂跑，一面輕描淡寫的跟她打招呼：「散戲啦？」

「是啊！」她心裡有氣，嘴下便不分輕重起來：「這場戲演得好差，演員不負責任，草草散了！」

「阿旺嫂不知是聽不出她話裡有話，還是故意裝迷糊，仍然淡淡地拋下兩句話來：「對啊！没有觀衆，大家都没有精神。」

秀潔突然咬牙切齒地說：「不管有没有觀衆，戲都應該好好演！」

阿旺嫂正蹲著替孩子綁鞋帶，楞住了，手停下來，轉過頭，用疑惑的眼光仰視她，似乎不相信這句話出自她的口中；兩人目光「恰」的一下碰上了，秀潔立即別過頭去，她没想到自己會這樣說；現在既然說了，就由它去，也許大家扯開來講會比較好。

停了幾秒鐘，聽到阿旺嫂的聲音：「妳是在說我？」

「對！既然說了，也就不怕妳生氣，那段戲最重要，妳怎麼可以離開？」

「吉仔撞到木箱子，頭上撞一個大包，哭不停，我哄他，騙他，無效，只好帶他去吃冰！」

「難道妳不知道馬上就有妳的戲？」

「知道，我怎麼不知道！」

「知道還偏偏要去？」

「妳，妳不知道，一個做母親的……」

「我怎麼不知道，怎麼不知道妳兒女命好，稍微哭一下，就不得了啦，戲也不演啦……」

「喂，喂，妳講話要有良心，妳知道妳在講什麼嗎？我給妳講，吉仔頭上撞一個大包，哭個不停，我才帶他們去的！老實給妳講，這邊的人也不是捨不得孩子哭的，剛才在戲臺上，妳跟我講小的在哭，我給妳說管他去哭，有沒有，有沒有，妳憑良心講！……平常時，小孩哭哭沒有關係，要是出了意外……」

其他人都吃驚的圍攏過來，他們好似不敢相信，一向溫順乖巧的秀潔也會跟人吵架；大家七嘴八舌的勸，兩個人並不因此罷休，反而越說越激烈，各個馬不停蹄嘩哩嘩啦講一堆，除了三兩句彼此挑剔的話語以外，大部分的話都在表明心跡，陳述自己對歌仔戲的正確忠實的態度，語調十分慷慨激昂。勸架的人聽了，也慷慨激昂起來，也同樣大聲地搶著表明他們對歌仔戲的態度，到最後，大家都開口在講話，一時人聲鼎沸，分不清誰是敍述者，誰是聽衆；至於阿旺嫂與秀潔，早就被許多聲音隔開了，她們都聽不到對方在說什麼，卻賣力的講個不停。

金發伯站在稍遠的地方，木然地看著他們，他抽著煙，始終不發一語。天色漸自黯了，僅剩的那一點餘光照在他佝僂的身上，竟意外地顯出他的單薄來。秀潔從人與人之間的縫隙裡望過去，看到紙煙上那一點火光在他臉上一閃一滅，一閃一滅，那蒼老憂鬱而頹喪的神情便一下子鮮明起來，不由得想起以前教戲給她時的威嚴自信的臉色，兩相對照之下，使她內心悸動不已，便禁聲了。

翠鳳走過來，跟她說些什麼，她沒聽清楚，本想要告訴她阿旺嫂不該下了妝再帶孩子去吃冰，想想也就算了，阿旺嫂一直在強調，反正沒有人看戲，是不是認真演都無所謂，她心裡知道，大家心裡想的，完全不是這回事，卻也懶得再去分辯。以前出去唱流行歌曲的人，現在個個收入都比她好，她從不去計較，也不拿自己與她們相比。她後來也在戲臺上唱過流行歌，甚至做過「蜘蛛美人」那樣的事，不過，這是完全不同的兩回事，兩相比較，她慶幸自己起碼還能維持現在這個樣子；雖則她已暗暗下了決定，不管如何，絕對不讓自己再繼續維持這個樣子了！

唉！是應該老老實實呆在家裡了，秀潔想，回去跟年邁的父母學種田，將來不要太挑剔，找個安份勤懇的種田人嫁了，生幾個孩子，好好教導他們，也不必規定他們有什麼大成就，只要安安分分做人，不學歌仔戲就可以了！

是了，就是這樣，去跟金發伯說。

秀潔向金發伯走去，走到他身邊，她聽到自己急促的呼吸聲；她在他身邊站了幾秒鐘，考慮著如何啓齒，卻聽金發伯說：

「我看我們這樣下去也不是辦法，大家這樣懶散隨便，怎麼能夠把戲演好？今晚這一場，大家拿出精神，認真做，不管有沒有人看，我們要演一場最精彩的！……我選的戲目是〈精忠岳飛〉，演〈十二道金牌〉，玉山的招牌戲！妳一定記得以前我們演這齣戲時，台下人擠人的好光景……我們一定要好好做，做完這一場，我想，玉山是應該解散了，大家去找一點『正經的』事情做，好好過日子，從此以後，誰都不要再提歌仔戲了……」

末了，他慈祥的拍著秀潔的肩膀說：「晚上吃飽一點，才有精神……妳要把岳飛的精神演出來，像以前那樣，不，要比以前任何一場都好……妳以前演得真好，今晚一定會更好！」

秀潔沒有回答，金發伯也沒有繼續說下去，兩個人在剛暗來的天色下抽煙，火光一閃一滅，照見彼此的臉。秀潔清楚地感覺到，心中有一股激烈的什麼，在急速的擴張著。

這樣站了一會兒，金發伯突然奇怪的、異常的大笑起來，笑了一陣，才說：「當然，妳可以放心，我保證，金發伯給妳保證，不會再强迫你唱流行歌曲……哈哈……。」

秀潔聽出他是有意幽默，有意製造輕鬆，有意大笑；胸中一時千頭萬緒，五味雜陳，聽著金發伯那樣的笑聲，竟比哭聲更令人難以承受，卻也只能附和著笑！

笑聲停歇，她竟在一種自己無法控制的、莫名其妙的情緒下提高嗓門，朗聲答道：「你不要妄想！……就是你逼我唱，我死也不唱，看你這小小的開封府尹，又怎麼奈何得了本宮！」

不必刻意去學，那口氣就是陳世美的口氣，字正腔圓，功力十足。

其他人聽了，都哈哈大笑，鬧成一團。只有金發伯默不作聲，他低垂著頭，抽著紙煙。秀潔抑制著內心的激動，轉頭去看戲臺。在剛暗下來的天色裡，猶未燃燈的單薄的戲臺，便在她的眼中逐漸模糊起來。

結構分析表

- 先
  - 因：「戲就這樣散了……那麼不尊重」
  - 果
    - 先（爭吵）：「秦香蓮……要是出了意外」
    - 後
      - 因（同時分地）
        - 勸架：「其他人都吃驚的……講個不停」
        - 金發伯：「金發伯……顯出他的單薄來」
      - 果（禁聲）：「秀潔從人與人……便禁聲了」
- 插敘（秀潔的內心獨白）：「翠鳳走過來……去跟金發伯說」
- 後
  - 因
    - 說（金發伯）：「秀潔向金發伯……哈哈」
    - 對（秀潔）：「秀潔聽出……功力十足」
  - 果：「其他人聽了……逐漸模糊起來」

說明

這一則「散戲」是節錄出來的，雖然如此，也形成了頗爲完整的章法。

大致上，作者是依據時間的流逝來鋪陳情節。作者從「散戲」的那一刻寫起，一方面寫爭吵的原因，再方面也顯示出歌仔戲的沒落，沒落到連演員都渾水摸魚（因）。接著寫有所堅持的秀潔，與賴戲的阿旺嫂的爭吵；然後，衆人都來勸架，七嘴八舌、紛紛擾擾，但在同時，稍遠之處，金發伯一個人不發一語地看著，這種對照，使得原本激動的秀潔禁聲了（果）。

在這個時候，作者以三個段落的篇幅，來描繪秀潔見此情景，內心的感受與決定。感受雖然複雜、決定雖然重大，但是在實際的時間中，很可能只是一瞬間而已，因此這個部分是用「插敍」的手法帶出的。

所以，接下來的篇幅，可以視作承接前面的「先」而發展；而這個部分，主要是由金發伯和秀潔的對話組成的。金發伯振起精神，要好好演一場招牌戲——〈十二道金牌〉，然後結束玉山的營業，在振奮之中，有著太多的蕭索與無奈；秀潔在痛心的、高亢的情緒中，不自禁的朗聲回答：「你不要妄想……看你這小小的開封府尹，又怎麼奈何得了本宮。」（因）這一段對話，引起他人哈哈大笑，金發伯則是垂下頭去，只有秀潔含淚的眼中，看到了猶未燃燈的單薄戲臺（果）。

「順敍」在小說中向來常見，是相當有效的敍述法；而且作者又稍加改良，適當地加入書中人物的內心獨白，使得這種敍述法在敍事之外，更便於抒情說理。因此整體說來，這篇小說的結構簡潔而不呆板，配合作者豐沛的情感、經濟的文字，造成很好的效果。

向陽〈立場〉

你問我立場，沉默地
我望著天空的飛鳥而拒絕
答腔，在人羣中我們一樣
呼吸空氣，喜樂或者哀傷
站著，且在同一塊土地上

不一樣的是眼光，我們
同時目睹馬路兩旁，衆多
腳步來來往往。如果忘掉
不同路向，我會答覆你
人類雙腳所踏，都是故鄉

結構分析表

- 實
  - 果
    - 問：「你問我立場」
    - 擬答：「沉默地……拒絕答腔」
  - 因
    - 正（同）：「在人羣中……一塊土地上」
    - 反（異）：「不一樣……來來往往」
- 虛
  - 因：「如果忘掉不同路向」
  - 果：「我會……都是故鄉」

說明

此篇是向陽的名詩，蘊意深刻。

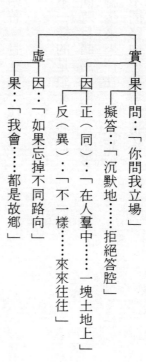

一開始，以一個問題領起全篇（問）；但作者沒有用言語回答，只是望向天空的飛鳥，「天空的飛鳥」是一個重要的意象，暗示了開闊與自由，因此作者不答之中，又彷彿回答了什麼（擬答）。

爲什麼以「天空的飛鳥」來代替回答呢？作者接著解釋了原因：「在人羣中我們一樣／呼吸空氣，喜樂或者哀傷／站著，且在同一塊土地上」（正）。而且爲了加強效果，還從

「反」面來說明：「不一樣的是眼光，我們／同時目睹馬路兩旁，衆多／腳步來來往往」。所以在「一樣」與「不一樣」的對照下，凸顯出作者的心之所向。

前面都是從「實」著墨；接下來的部分，則是作者的假設，是「虛」。「虛」的特質是不受現實限制，可以縱情想像，所以很自然地，作者在此提出他的理想：「人類雙腳所踏，都是故鄉」；而且「雙腳所踏」這個形象，呼應了前面所提及的「站著，且在同一塊土地上」（正），以及「衆多／腳步來來往往」（反），這也是作者的一個巧心設計：藉著同一個形象，賦予不同的意義，比較之下，引發讀者的思考；而且，這些同中有異、異中有同的意象，全都綿綿密密地匯歸向題目——立場。

這首詩篇構思精巧，卻不露斧鑿痕跡，十分耐人咀嚼。

附錄

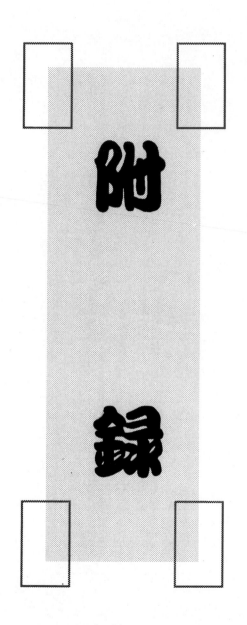

陳滿銘等散見於各書的各版本高中課文結構分析表目錄

司馬遷《史記・滑稽列傳 ——淳于髡》	仇小屏《深入課文的一把鑰匙——章法教學》頁一七
李密〈陳情表〉	陳滿銘《文章結構分析——以中學國文課文爲例》頁一九九
陶淵明〈桃花源記〉	仇小屏《篇章結構類型論》頁三三五 仇小屏《深入課文的一把鑰匙——章法教學》頁七五
孔稚珪〈北山移文〉	仇小屏《篇章結構類型論》頁五〇八
丘遲〈與陳伯之書〉	仇小屏《篇章結構類型論》頁五六三
李白〈春夜宴桃李園序〉	仇小屏《深入課文的一把鑰匙——章法教學》頁一一
韓愈〈師說〉	陳滿銘《文章結構分析——以中學國文課文爲例》頁一六一
柳宗元〈始得西山宴遊記〉	仇小屏《篇章結構類型論》頁五八七
柳宗元〈蝜蝂傳〉	仇小屏《篇章結構類型論》頁三七六
杜光庭〈虬髯客傳〉	仇小屏《深入課文的一把鑰匙——章法教學》頁一六三
范仲淹〈岳陽樓記〉	陳滿銘《文章結構分析——以中學國文課文爲例》頁一八三 仇小屏《篇章結構類型論》頁三六五 仇小屏《深入課文的一把鑰匙——章法教學》頁九七、二六八

347・陳滿銘等散見於各書的各版本高中課文結構分析表目錄

歐陽修〈醉翁亭記〉	陳滿銘《文章結構分析——以中學國文課文爲例》頁二六九 仇小屏《篇章結構類型論》頁五八四
歐陽修〈五代史伶官傳序〉	仇小屏《篇章結構類型論》頁四七五
歐陽修〈縱囚論〉	陳滿銘《文章結構分析——以中學國文課文爲例》頁二四七 陳滿銘《章法學新裁》頁四二六 仇小屏《篇章結構類型論》頁四五〇
曾鞏〈墨池記〉	仇小屏《篇章結構類型論》頁二八三 仇小屏《深入課文的一把鑰匙——章法教學》頁四八
司馬光〈訓儉示康〉	仇小屏《深入課文的一把鑰匙——章法教學》頁六〇
錢公輔〈義田記〉	仇小屏《篇章結構類型論》頁五一二
王安石〈遊褒禪山記〉	仇小屏《深入課文的一把鑰匙——章法教學》頁五三、九五
王安石〈傷仲永〉	仇小屏《篇章結構類型論》頁四六二 仇小屏《深入課文的一把鑰匙——章法教學》頁二六一
王安石〈讀孟嘗君傳〉	陳滿銘《章法學新裁》頁四二八 仇小屏《篇章結構類型論》頁四三九

蘇洵〈六國論〉	陳滿銘《文章結構分析——以中學國文課文爲例》頁二三五 仇小屏《篇章結構類型論》頁四二二
蘇軾〈留侯論〉	陳滿銘《文章結構分析——以中學國文課文爲例》頁二二七
蘇軾〈方山子傳〉	仇小屏《篇章結構類型論》頁三八
蘇軾〈赤壁賦〉	仇小屏《深入課文的一把鑰匙——章法教學》頁五五
方孝孺〈指喻〉	仇小屏《深入課文的一把鑰匙——章法教學》頁一九、五〇、一〇〇
歸有光〈項脊軒志〉	陳滿銘《文章結構分析——以中學國文課文爲例》頁一七三 陳滿銘《章法學新裁》頁五二二 仇小屏《篇章結構類型論》頁五九一
袁宏道〈晚遊六橋待月記〉	陳滿銘《文章結構分析——以中學國文課文爲例》頁一八九 陳滿銘《章法學新裁》頁四一〇 仇小屏《深入課文的一把鑰匙——章法教學》頁一〇八
顧炎武〈廉恥〉	仇小屏《篇章結構類型論》頁五一二 仇小屏《深入課文的一把鑰匙——章法教學》頁四三、一〇五

方苞〈左忠毅公軼事〉	陳滿銘《文章結構分析——以中學國文課文爲例》頁一六七 仇小屏《篇章結構類型論》頁三八四 仇小屏《深入課文的一把鑰匙——章法教學》頁六
徐志摩〈再別康橋〉	仇小屏《深入課文的一把鑰匙——章法教學》頁二五〇
琦君〈一對金手鐲〉	仇小屏《深入課文的一把鑰匙——章法教學》頁八〇
鄭愁予〈錯誤〉	仇小屏《篇章結構類型論》頁二〇 仇小屏《深入課文的一把鑰匙——章法教學》頁二五二
席慕容〈一棵開花的樹〉	仇小屏《深入課文的一把鑰匙——章法教學》頁一九〇

※詩詞類結構分析表均可參見江錦珏《高中一綱多本國文教材點線面系列——詩詞義旨透視鏡》，不另贅述。

參考書目

古文析義合編	林雲銘	廣文書局	七十八年一月七版
古文評註全集	過商侯選、蔡鑄評註	宏業書局	六十八年十月再版
古文觀止	吳楚材選、王文濡評註	華正書局	八十一年十月初版
藝概	劉熙載	廣文書局	五十八年四月再版
評注文法津梁	宋文蔚	復文圖書出版社	八十二年二月修定二版
散文結構	方祖燊 邱燮友	蘭臺書局	五十九年六月初版
古文鑑賞辭典		江蘇文藝出版社	一九八七年十一月初版
韓文選析	胡楚生	華正書局	八十年三月二版

篇章修辭學	鄭文貞	廈門大學出版社	一九九一年六月第一刷
國文教學論叢	陳滿銘	萬卷樓圖書有限公司	八十年七月初版 八十七年四月初版四刷
作文津梁(中)論說文篇	曾忠華	學人文教出版社	八十年十月一日新版
史記選注滙評	韓兆琦	文津出版社	八十二年四月初版
柳文選析	胡楚生	華正書局	八十三年十月三版
中國古代散文藝術	周明	江蘇教育出版社	一九九四年一二月一刷
文章學教程	張會恩、曾祥芹	上海教育出版社	一九九五年第一版第一刷
國文教學論叢續編	陳滿銘	萬卷樓圖書有限公司	八十七年三月初版
文章章法論	仇小屏	萬卷樓圖書有限公司	八十七年十一月初版
先秦詩鑑賞辭典		上海辭書出版社	一九九八年一二月初版 一九九九年五月二刷

文章結構分析	陳滿銘	萬卷樓圖書有限公司	八十八年五月初版
詞林散步——唐宋詞結構分析	陳滿銘	萬卷樓圖書有限公司	八十九年元月初版
篇章結構類型論（上、下）	仇小屏	萬卷樓圖書有限公司	八十九年二月初版
章法學新裁	陳滿銘	萬卷樓圖書有限公司	九十年一月初版
深入課文的一把鑰匙——章法教學	仇小屏	萬卷樓圖書有限公司	九十年二月初版
下在我眼眸裡的雪——新詩教學	仇小屏	萬卷樓圖書有限公司	九十年二月初版

國家圖書館出版品預行編目資料

章法新視野／仇小屏著. --初版. --臺北市
：萬卷樓，民 90
面；　公分
ISBN 957-739-367-5(平裝)

1. 中國文學-寫作法　2. 中等教育-教學法

524.31　　90015561

章法新視野

著　　者：仇小屏
發 行 人：許錟輝
責任編輯：叢書編輯部
出 版 者：萬卷樓圖書有限公司
台北市羅斯福路二段 41 號 6 樓之 3
電話(02)23216565・23952992
FAX(02)23944113
劃撥帳號 15624015
出版登記證：新聞局局版臺業字第 5655 號
網站網址：http://www.wanjuan.com.tw/
E　-mail：wanjuan@tpts5.seed.net.tw
經銷代理：紅螞蟻圖書有限公司
台北市內湖區文德路 210 巷 30 弄 25 號
電話(02)27999490
FAX(02)27995284
承印廠商：晟齊實業有限公司
電腦排版：浩瀚電腦排版股份有限公司
定　　價：340 元
出版日期：民國 90 年 9 月初版

ISBN 957-739-367-5